William L. Ury
Jeanne M. Brett
Stephen B. Goldberg

Konflikt-management

Wirksame Strategien für den sachgerechten Interessenausgleich

Aus dem Amerikanischen
von Ira Papakosta

W0390672

WILHELM HEYNE VERLAG
MÜNCHEN

HEYNE BUSINESS
Nr. 22/2017

Titel der amerikanischen Originalausgabe:
GETTING DISPUTES RESOLVED
Erschienen 1988 bei Jossey-Bass Inc., San Francisco

Der Text wurde in Übereinstimmung mit den Autoren
für die deutsche Übersetzung leicht gekürzt.

Ungekürzte Taschenbuchausgabe
im Wilhelm Heyne Verlag GmbH & Co. KG, München
Copyright © 1988 by Jossey-Bass Corp., Publishers, San Francisco
Copyright © der deutschsprachigen Ausgabe 1991
by Campus Verlag GmbH, Frankfurt/Main
Printed in Germany 1996
Umschlaggestaltung: Atelier Adolf Bachmann, Reischach
Herstellung: M. Spinola
Satz: Schaber Satz- und Datentechnik, Wels
Druck und Verarbeitung: Presse-Druck, Augsburg

ISBN 3-453-09171-X

HEYNE BUSINESS

Heyne · Campus

Inhalt

Geleitwort

Bei der Erforschung von Gesetzmäßigkeiten konstruktiver Konfliktbewältigung haben sich in den letzten Jahren vor allem die im »Program on Negotiation« der Harvard Law School vereinten Wissenschaftler profiliert. Vieles spricht dafür, daß dieses Buch, ähnlich wie das inzwischen weltberühmte *Harvard-Konzept*, zu einem internationalen Standardwerk wird:

Die auf breitester Basis abgestützten, wissenschaftlichen Erkenntnisse werden in übersichtlicher Form für Leser mit den unterschiedlichsten Vorkenntnissen dargelegt; ein klarer und logischer Aufbau; präzise und prägnante Formulierungen in der Sprache unserer Zeit; ein komplexes Thema so behandelt, daß sowohl der anspruchsvolle Theoretiker als auch der ratsuchende Praktiker auf ihre Kosten kommen; ein Reichtum an anschaulichen Beispielen und vor allem ein »Konzept«, das ein gezieltes Vorgehen erlaubt. Es ist eine Orientierungshilfe von unschätzbarem Wert.

Obwohl sich der praktische Teil vor allem an arbeitsrechtlichen Auseinandersetzungen aus den USA orientiert, was bezüglich Denkweise, Rechtsprechung und konkretem Ablauf bei der Bereinigung von Konflikten vom europäischen Leser etwas Flexibilität erfordert, verlieren die Empfehlungen nichts von ihrer universellen Anwendbarkeit. Das zentrale Anliegen der Autoren, vor allem die mit Konflikt verbundenen Kosten besser in den Griff zu bekommen, entspricht auch einem zunehmenden Bedürfnis im sich wandelnden Europa.

Es gelingt den Autoren, die vielfältige Problematik des Konfliktmanagements in einen einfachen Rahmen zu stellen, der entscheidende Elemente wie Machtstrukturen, Rechtsempfinden und Interessengegensätze berücksich-

Die folgenden vier Kapitel legen den Grundstein für die Entwicklung eines Systems zur Konfliktlösung.

Im 1. Kapitel stellen wir unser Ziel, ein an Interessen orientiertes System, vor. Das 2. Kapitel beschreibt die Mängel des bestehenden Systems und nennt die Voraussetzungen für die Schaffung eines verbesserten Systems. Im 3. Kapitel gehen wir der Frage nach, wie ein System verbessert werden kann. Im 4. Kapitel widmen wir uns der Arbeit mit den betroffenen Parteien, d. h. der Untersuchung und Planung und der richtigen Umsetzung der beabsichtigten Veränderungen.

In dem Buch greifen wir auf unsere, aber auch auf Erfahrungen anderer Systemdesigner zurück, die wir befragt haben. Betrachten Sie aber dieses Konzept nicht als endgültiges Modell. Viele Ideen sind neu und noch nicht in der Praxis getestet worden. Es handelt sich vielmehr um einen Einstieg in ein Gebiet, von dem wir hoffen, daß es eines Tages ein eigenständiges Fachgebiet sein wird.

1. Kapitel

Drei Ansätze zur Lösung von Konflikten

Interessen, Recht und Macht

Es begann mit einem Paar gestohlener Stiefel. Gewöhnlich legen Bergarbeiter nach der Schicht ihre Arbeitskleidung im Waschraum in Körbe, die sie dann mit einer Leine zur Decke ziehen. Eines Nachts entdeckte ein Bergarbeiter, daß seine Stiefel verschwunden waren. Ohne Stiefel konnte er jedoch nicht einfahren. Aufgebracht ging er daher zu seinem Vorarbeiter und beschwerte sich: »Verdammt, jemand hat meine Stiefel gestohlen! Das ist ganz schön unverschämt! Warum soll ich denn den Lohn für eine Schicht verlieren und noch dazu das Geld für ein neues Paar Stiefel ausgeben, bloß weil der Betrieb mein Eigentum nicht schützen kann?«

»Dein Pech!« erwiderte der Vorarbeiter. »Der Betrieb haftet nun mal nicht für persönliches Eigentum, das auf dem Betriebsgelände zurückgelassen wird. Lies dir mal die Vorschriften durch!«

»Denen werd' ich's zeigen!« murmelte der Bergarbeiter. »Wenn ich die Schicht nicht fahren kann, dann fährt sie auch kein anderer!« Er überredete einige Kumpel, mit ihm in Streik zu treten, und sofort erklärten sich auch alle übrigen Bergarbeiter mit ihm solidarisch und legten ihre Arbeit nieder.

Der Leiter des Bergwerks erzählte uns später, er selbst habe den Bergarbeitern die gestohlenen Stiefel immer ersetzt, und er fügte hinzu, daß der Vorarbeiter dasselbe hätte tun sollen. »Hätte der Vorarbeiter dem Kumpel gesagt: ›Ich kauf' dir ein neues Paar Stiefel, leih dir jetzt welche!‹, dann wäre es nie zu dem Streik gekommen.« Der Direktor hielt diesen Weg der Konfliktbewältigung für geeigneter als den, den der Vorarbeiter und der Bergarbeiter eingeschlagen hatten. Hatte er recht, und wenn ja, warum? Warum sind einige Methoden der Konfliktlösung einfach besser als andere?

In diesem Kapitel befassen wir uns mit drei Möglichkeiten der Konfliktlösung: durch Interessenausgleich, Rechtspositionen oder Machtpositionen. Außerdem geht es um die destruktiven und produktiven Konsequenzen von Konflikten – die Kosten, die Zufriedenheit mit den Ergebnissen, die Auswirkungen auf die Beteiligten und die Gefahr neuaufflammender Konflikte. Bei einem Interessenausgleich sind die Ergebnisse zufriedenstellender und die Kosten niedriger als bei der Bestimmung von Rechtspositionen. Die Bestimmung von Rechtspositionen hat wiederum geringere Kosten zur Folge und führt zu befriedigenderen Ergebnissen als die Bestimmung von Machtpositionen. Unser Ziel ist daher ein System, das die Lösung von Konflikten durch Interessenausgleich möglich macht.

Drei Wege zur Lösung eines Konflikts

Die Analyse des Stiefelstreits

Konflikte liegen vor, wenn eine Person (oder eine Organisation) einer anderen gegenüber einen Anspruch oder eine Forderung erhebt, die von der anderen Seite jedoch zurückgewiesen wird. Dieser Anspruch kann aus einer Pflichtverletzung, einer Notlage oder einem Wunsch heraus entstehen. Indem der Bergarbeiter sich bei dem Vorarbeiter über die gestohlenen Stiefel beschwerte, machte er den Anspruch geltend, daß der Betrieb die Verantwortung dafür zu tragen und Schadensersatz zu leisten habe. Da der Vorarbeiter diesen Anspruch jedoch zurückwies, kam es zum Konflikt. Der Stiefelstreit hätte im weiteren

Verlauf durch eine ausgehandelte Vereinbarung, einen Schiedsspruch, die Entscheidung des Bergarbeiters, seinen Anspruch fallen zu lassen, oder die des Unternehmens, den Anspruch anzuerkennen, beigelegt werden können.

In einem Konflikt verfolgen die Parteien ganz bestimmte Interessen. Außerdem dienen sachliche Normen und Rechte als Leitlinien, um gerechte Ergebnisse zu erzielen. Auch ein gewisses Machtverhältnis zwischen den Parteien ist zu berücksichtigen. Interessen, Recht und Macht stellen also die drei Grundelemente eines Konflikts dar. Bei der Konfliktbewältigung richten die Parteien ihre Aufmerksamkeit auf eines oder auch mehrere dieser Elemente: Sie können danach streben, 1. ihre Interessen auszugleichen, 2. zu bestimmen, wer im Recht ist und/oder 3. festzulegen, wer mehr Macht besitzt.

Als der Bergarbeiter seinen Anspruch mit der Behauptung geltend machte, es sei Sache des Unternehmens, sich um die gestohlenen Stiefel zu kümmern, glaubte er sich im Recht: »Warum soll ich denn den Lohn für eine Schicht verlieren und noch dazu das Geld für ein neues Paar Stiefel ausgeben, bloß weil der Betrieb mein Eigentum nicht schützen kann?« Als der Vorarbeiter ihn auf die Vorschriften verwies, rückte auch er die Frage, wer im Recht sei, in den Vordergrund seiner Argumentation. Der Bergarbeiter, enttäuscht und von seinem Rechtsanspruch überzeugt, organisierte daraufhin einen Streik und konzentrierte sich somit ausschließlich auf den Faktor Macht: »Denen werd' ich's zeigen! Die werden sich wundern, wieviel Macht wir haben.«

Der Leiter des Bergwerks vertrat später die Meinung, man hätte die Interessen beider Parteien stärker berücksichtigen sollen. So galt das Interesse des Bergarbeiters den neuen Stiefeln und dem Lohn für eine Schicht, während das Unternehmen daran interessiert war, daß der Bergarbeiter die ihm zugewiesene Schicht fuhr. Obgleich sowohl Rechtspositionen (die Frage nach Gerechtigkeit wurde aufgeworfen) als auch Machtpositionen (der

Bergarbeiter hatte den Einfluß, einen Streik zu initiieren) den Konflikt bestimmten, lenkte der Leiter des Bergwerks sein Augenmerk auf die Interessen beider Konfliktparteien. Seiner Meinung nach stellten die gestohlenen Stiefel ein Problem dar, das beide Parteien betraf und zu dessen Lösung das Unternehmen beitragen konnte.

Interessen ausgleichen

Unter Interessen verstehen wir Bedürfnisse, Wünsche, Sorgen und Ängste – Dinge, die wir besitzen möchten oder um die wir uns Sorgen machen. Interessen beeinflussen unsere Überzeugungen und Wünsche nach dem Besitz von materiellen Gütern. Denken wir zum Beispiel an ein Ehepaar, das sich darüber streitet, ob es ein neues Auto kaufen soll. Vielleicht geht es dem Ehemann gar nicht um das Geld oder das Auto, sondern vielmehr darum, seine Freunde zu beeindrucken; für die Ehefrau hingegen ist eher die Mobilität von Bedeutung. Oder: Die Verkaufsleiterin einer Elektronikfirma einigt sich mit dem Leiter der Herstellerfirma nicht über die Anzahl der Fernsehermodelle, die produziert werden sollen. Sie möchte unterschiedliche Modelle anbieten, denn ihr Interesse gilt dem Verkauf von Fernsehapparaten; verschiedene Modelle bedeuten mehr Auswahl für den Verbraucher und somit höhere Verkaufszahlen. Der Leiter der Herstellerfirma hingegen möchte weniger Modelle produzieren. Sein Interesse gilt der Senkung der Produktionskosten; die Produktion vieler Modelle ist für ihn mit höheren Kosten verbunden.

Solch konkurrierende Interessen aufeinander abzustimmen, ist nicht einfach. Man muß die tiefsitzenden Ängste erkennen, kreative Lösungen entwickeln und in den Bereichen, in denen sich unterschiedliche Interessen gegenüberstehen, durch Tauschhandel und Zugeständnisse zu einer Einigung gelangen (Fisher/Ury 1990). Als dafür geeignetes und allgemein übliches Verfahren gilt das *Verhandeln* mit der Absicht, eine Vereinbarung zu erzielen. Ein anderes Verfahren, welches die Interessen der Beteiligten berücksichtigt, ist die *Schlichtung,* bei der eine dritte Partei die Konfliktparteien bei der Ausarbeitung einer Vereinbarung unterstützt.

Nicht alle Verhandlungen (oder Schlichtungsverfahren) sind auf einen Interessenausgleich ausgerichtet. Einige Verhandlungen konzentrieren sich nur auf Rechtsfragen (z. B. zwei Rechtsanwälte, die darüber diskutieren, welchem Fall mehr Bedeutung zukommt). Bei anderen Verhandlungen dreht es sich allein um die Bestimmung von Machtpositionen (z. B. bei Konflikten zwischen Nachbarn oder Nationen, die sich gegenseitig bedrohen). Häufig setzen sich Verhandlungen aus einer Mischung aller drei Faktoren zusammen: So werden Versuche unternommen, den Wünschen der Beteiligten zu entsprechen; Diskussionen über Rechtsauffassungen finden statt, und gelegentlich spielt man auch etwas mit den Muskeln. Verhandlungen, bei denen in erster Linie die Interessen der Beteiligten im Vordergrund stehen, wollen wir im Gegensatz zu den »an Recht orientierten« bzw. »an Macht orientierten« »interessenorientierte« Verhandlungen nennen. Letztere werden auch als *problemlösende Verhandlungen* bezeichnet, weil die Konfliktbewältigung als ein gemeinsames, von den Parteien zu lösendes Problem angesehen wird.

Bevor die Konfliktparteien ihre unterschiedlichen Interessen miteinander in Einklang bringen können, wird es ratsam sein, daß sie ihren Gefühlen Ausdruck verleihen. In den seltensten Fällen sind bei Konflikten keine Gefühle im Spiel. Emotionen verursachen Konflikte, und Konflikte verursachen umgekehrt häufig Emotionen. Enttäuschung war z. B. die eigentliche Ursache für den Wutausbruch unseres Bergarbeiters, und Verärgerung über die Antwort des Vorarbeiters stachelte ihn dazu an, einen Streik zu organisieren.

Gefühle zu artikulieren, wirkt sich beim Aushandeln von Vereinbarungen äußerst positiv aus. Besonders bei interpersonalen Konflikten wird Feindseligkeit deutlich herabgesetzt, wenn die Partei, die sich verletzt fühlt, ihren Ärger, ihre Empörung und ihre Enttäuschung zum Ausdruck bringt und die beschuldigte Partei die Berechtigung derartiger Gefühle anerkennt oder sogar noch einen Schritt weiter geht und eine Entschuldigung anbietet. Werden die Feindseligkeiten so abgebaut, erscheint die Lösung des Konflikts einfacher. Aus diesem Grund nimmt bei Schlichtungsverfahren und bei bestimmten an Interessen orientierten Verhandlungen die Artikulation von Gefühlen einen festen Platz ein.

Entscheiden, wer im Recht ist

Konflikte können auch beigelegt werden, indem unabhängige, objektiv anerkannte und faire Normen darüber entscheiden, wer im Recht ist. Diese unabhängigen Normen nennen wir kurz *Recht*. Einige Rechte sind in Gesetzen und Verträgen festgelegt. Bei anderen »Rechten«, zum Beispiel dem Prinzip der Reziprozität, dem Präzedenzfall, dem Prinzip der Gleichheit oder der Anciennität, handelt es sich um von der Gesellschaft akzeptierte Verhaltensnormen. So hatte unser Bergarbeiter zwar laut Vertrag keinen Anspruch auf neue Stiefel, machte aber den Anspruch geltend, daß der Betrieb persönliches, auf dem Betriebsgelände gestohlenes Eigentum ersetzen müsse.

Rechte sind selten eindeutig. Häufig lassen sich unterschiedliche – und manchmal widersprüchliche – Normen anwenden. Eine auf Recht basierende Übereinkunft zu erzielen, in der das Ergebnis bestimmt, wem was und wieviel zugesprochen wird, kann häufig außerordentlich schwierig sein und führt oftmals dazu, daß die Parteien eine dritte bitten, darüber zu entscheiden. Als typisches Verfahren ist hier der Rechtsspruch zu nennen, bei dem eine mit der nötigen Autorität ausgestattete neutrale dritte Partei aufgerufen ist, eine verbindliche Entscheidung abzugeben (bei einem Schlichtungsverfahren hingegen hat die dritte Partei nicht die Befugnis, den Streitfall zu entscheiden). Allgemeine, die gesamte Öffentlichkeit betreffende Belange werden von Staatsgerichten und Verwaltungsbehörden entschieden. Fragen, die nicht die gesamte Öffentlichkeit berühren, können von Schiedsrichtern beurteilt werden.

Entscheiden, wer mehr Macht besitzt

Konflikte lassen sich aber auch aus einer Machtposition heraus lösen. Wir definieren hier Macht etwas enger als die Fähigkeit, jemanden zu zwingen, etwas zu tun, was er eigentlich gar nicht will. Machtausübung bedeutet immer, der anderen Seite Kosten aufzuerlegen oder diese Kosten zumindest anzudrohen. In unserem Rechtsstreit demonstrierten die Bergarbeiter mit dem Streik ihre Macht, indem sie dem Unternehmen finanzielle Belastungen auferlegten. Eine Machtdemonstration kann zwei typische Formen annehmen: 1. Aggressives Verhalten wie Sabotage oder der Angriff gegen eine Person bzw. 2. Kooperationsverweigerung, z. B. die Verweigerung der Arbeitsleistung.

In von gegenseitiger Abhängigkeit geprägten Beziehungen, z. B. zwischen Arbeitnehmern und Betriebsleitung oder innerhalb einer Organisation oder Familie, setzt sich letzten Endes derjenige durch, der von dem anderen am wenigsten abhängig ist. Wenn ein Betrieb von der Leistung eines Arbeitnehmers abhängiger ist als der Arbeitnehmer von der Lohnzahlung des Betriebes, dann hat der Betrieb weniger Macht. Der Grad der Abhängigkeit hängt davon ab, in welcher Weise Alternativen die Bedürfnisse befriedigen können. Je besser die Alternativen, desto geringer die Abhängigkeit. Fällt es einem Betrieb leichter, die streikenden Arbeitnehmer zu ersetzen, als umgekehrt den streikenden Arbeitnehmern, neue Arbeitsplätze zu finden, dann ist das Unternehmen weniger abhängig und hat somit mehr Macht. Zu den Machtkämpfen sind außer Streiks Verhaltensweisen zu zählen, die sich von Beleidigung und Verspottung über Schlägereien bis hin zur Kriegsführung erstrecken. All diesen Handlungsweisen liegt der Versuch zugrunde, der anderen Seite Bedingungen aufzuerlegen, die für den Stärkeren am günstigsten sind. Es gibt zwei Arten von Machtkämpfen: 1. Verhandeln aus einer Position der Stärke heraus, wobei sich diese Stärke in Drohungen manifestiert; 2. Machtkämpfe, die entscheiden sollen, wer sich durchsetzt.

Da Stärke letztlich eine Frage der Wahrnehmung ist, fällt es schwer auszumachen, wer der Stärkere ist, ohne daß zuvor ein entscheidender und potentiell zerstörerischer Machtkampf stattgefunden hat. Obgleich Macht leicht an ihren charakteristischen Merkmalen zu erkennen ist (z. B. finanzielle Mittel), kommt es häufig zu einer Fehleinschätzung der wirklichen Machtverhältnisse. Die beteiligten Konfliktparteien können bei der Einschätzung ihres Gegners unter Umständen die Tatsache außer acht lassen, daß dieser in dem Kampf ein größeres Maß an Mitteln einsetzt als erwartet. Dies ist vor allem dann der Fall, wenn er fürchtet, daß Veränderungen bestehender Machtverhältnisse den Ausgang zukünftiger Konflikte beeinflussen werden.

Wechselbeziehung zwischen Interessen, Recht und Macht

Die Beziehung zwischen Interessen, Recht und Macht läßt sich durch einen Kreis im Kreis darstellen (vgl. Abb. 1).

Der kleinste Kreis symbolisiert die Interessen, der mittlere steht für Recht und der äußere für Macht. Ein Interessenausgleich findet unter Berücksichtigung der Rechts- und Machtpositionen der Parteien statt. Überlegungen zum möglichen Ausgang des Konflikts vor Gericht oder bei Streiks helfen, den Verhandlungsspielraum festzulegen, innerhalb dessen eine Lösung gefunden werden kann. In ähnlicher Weise wird bei der Entscheidung der Frage, wer im Recht ist, auch die Machtposition berücksichtigt. So kann eine Partei aus einem Gerichtsverfahren zwar als Gewinnerin hervorgehen; wird dann jedoch der gerichtliche Beschluß nicht befolgt, schwelt der Konflikt weiter. Das bedeutet, daß im Laufe der Verhandlungen

Abb. 1: Wechselbeziehung zwischen Interessen, Recht und Macht

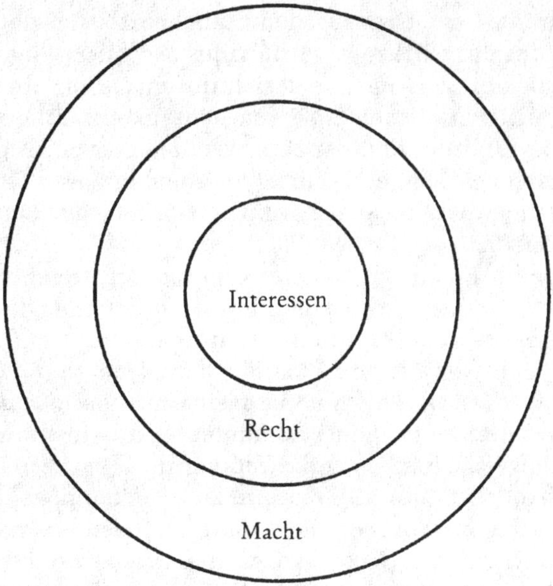

nicht nur die Interessen, sondern die drei Elemente eines Konflikts – Interessen, Recht, Macht – abwechselnd in den Mittelpunkt rücken.

Kapitulation oder Flucht

Nicht alle Konflikte enden mit einer Lösung. Häufig beschließt eine Partei, sich aus dem Konflikt zurückzuziehen. Dies kann auf zweierlei Weise geschehen: Eine Form des Rückzugs ist die Kapitulation, d. h. eine Konfliktpartei läßt ihren Anspruch fallen oder erkennt den Anspruch der anderen Seite aufgrund der Überlegung an, daß eine Fortführung des Konflikts nicht in ihrem Interesse liege oder aber weil sie glaubt, daß sie nicht stark genug sei, den Konflikt zu einem für sie zufriedenstellenden Ergebnis zu führen. Der Bergarbeiter hätte beispielsweise kapituliert, wenn er sich gesagt hätte: »Ich bin zwar nicht mit der Entscheidung der Betriebsleitung einverstanden, werde aber nichts dagegen unternehmen.« Bei der zweiten Form des Rückzugs, der Flucht, beschließt eine Partei (oder beide), sich aus der Beziehung zurückzuziehen oder sie wenigstens bedeutend einzuschränken. Als Beispiele lassen sich anführen: der Austritt aus einer Organisation, die Ehescheidung, der Umzug an einen anderen Ort oder die Vermeidung persönlicher Kontakte mit der betreffenden Person.

Sowohl Flucht als auch Kapitulation treten häufig in Verbindung mit bestimmten Konfliktstrategien auf. Bei vielen Machtkämpfen droht eine der Konfliktparteien, sich weiteren Auseinandersetzungen zu entziehen, oder aber es werden Maßnahmen ergriffen, die der anderen Seite über einen bestimmten Zeitraum hinweg erhebliche Belastungen und Streß verursachen (z. B. Streik oder Abbruch der diplomatischen Beziehungen). Viele Machtkämpfe werden auch dadurch beendet, daß der Verlierer kapituliert oder gegen den Anspruch der anderen Seite Einwände erhebt. Andere wiederum werden aufgegeben, weil der Verlierer einer Entscheidung aus dem Wege geht: Er zieht entweder an einen anderen Ort oder entzieht sich dem Gewinner. Oder eine Partei bricht die Beziehung völlig ab, anstatt Zwangsmaßnahmen zu ergreifen oder den Streitfall vor Gericht zu bringen.

Welcher Weg ist der »beste«?

Als der Leiter des Bergwerks uns den Stiefelstreit beschrieb, machte er deutlich, welchem Lösungsweg er persönlich den Vorzug gegeben hätte. Er war der Ansicht, daß es besser gewesen wäre, die Interessen auszugleichen, als zu entscheiden, wer im Recht oder wer der Stärkere war. Was aber heißt hier »besser«? Und wenn, in welchem Sinne hatte er Recht, als er dafür plädierte, sich den Interessen der Parteien zu widmen?

Die Bedeutung des Wortes »besser«: vier mögliche Kriterien

Die unterschiedlichen Ansätze zur Lösung von Konflikten – Interessen, Recht oder Macht – verursachen unterschiedliche Kosten und haben unterschiedliche Vorteile. Wir konzentrieren uns bei ihrem Vergleich auf vier Kriterien: 1. Transaktionskosten, 2. Zufriedenheit mit den Ergebnissen, 3. Auswirkungen auf die Beziehung und 4. Neuaufflammen der Konflikte.

Transaktionskosten. Für den Leiter des Bergwerks war das Wort »besser« gleichbedeutend mit »Konfliktbewältigung ohne Streik«. Er wollte die Belastungen, die sich aus dem Konflikt ergaben – wir wollen sie im weiteren »Transaktionskosten« nennen –, so niedrig wie möglich halten. Die Kosten, die ein Streik verursacht, sind wirtschaftlicher Art. Löhne und Gehälter für die Unternehmensleitung und laufende Kosten müssen, auch während das Bergwerk bestreikt wird, gezahlt werden. Manchmal führen Streiks auch zu Gewaltakten und zur Zerstörung betrieblichen Eigentums. Aber auch den Bergarbeitern entstehen Kosten, da sie, so lange der Streik andauert, keinen Lohn erhalten. Zu den Transaktionskosten sind auch die verpaßten Gelegenheiten zu zählen. So kann z. B. eine Reihe von Streiks dazu führen, daß ein wichtiges Geschäft nicht abgeschlossen wird. Zu den Transaktionskosten bei interfamiliären Konflikten gehören lange, frustrierende und mit Streit verbundene Stunden, nervliche Belastungen und die vertane Zeit, in der man erfreulichere und nützlichere Dinge hätte tun können. Jede Konfliktstrategie zieht Transaktionskosten nach sich: Zeitaufwand und Emotionen, die im Laufe des Konflikts entstehen; Geld und Mittel, die aufgebraucht oder zerstört werden, und verpaßte Gelegenheiten (Williamson 1979; Brett/Rognes 1986).

Zufriedenheit mit den Ergebnissen. Die verschiedenen Ansätze zur Konfliktbewältigung lassen sich auch anhand der Zufriedenheit mit dem Ergebnis beurteilen. Das Ergebnis der Streiks stellte den Bergarbeiter zwar nicht völlig zufrieden (er bekam keine neuen Stiefel), aber es gelang ihm doch, seine Enttäuschung zum Ausdruck zu bringen und Rache zu nehmen. Zufrieden ist eine Streitpartei, wenn die vereinbarte Lösung zur Erfüllung ihrer Wünsche, die zur Erhebung bzw. Zurückweisung des Anspruches geführt haben, beiträgt. Außerdem spielt eine Rolle, inwieweit sie die Lösung für gerecht hält. Selbst wenn eine Vereinbarung ihre Wünsche nicht voll und ganz befriedigt, kann sie doch durchaus Genugtuung über den gerechten Ausgang des Streitfalls empfinden.

Zufriedenheit hängt jedoch nicht nur von der als gerecht empfundenen Lösung ab, sondern auch davon, ob die Lösungsstrategien für fair gehalten wurden. Zur Beurteilung von Fairneß werden mehrere Faktoren herangezogen: Wieviel Gelegenheit bot sich der Konfliktpartei, sich zur Sache zu äußern? Konnte sie selbst über Annahme oder Zurückweisung der Vereinbarung entscheiden? In welchem Maße nahm sie an der Ausarbeitung der Vereinbarung teil? Gewann sie den Eindruck, daß die dritte Partei sich fair verhalten hatte (Lind/Tyler 1988)?

Auswirkungen auf die Beziehung. Als drittes Kriterium ist die langfristige Auswirkung auf die Beziehung der Parteien zu nennen. Der gewählte Ansatz zur Konfliktbewältigung kann die Bereitschaft der Parteien zur Zusammenarbeit stark beeinträchtigen. So können beispielsweise ständige Streitereien verbunden mit der Drohung, sich scheiden zu lassen, eine Ehe ernsthaft belasten. Umgekehrt kann eine Eheberatung, die die Ehepartner dazu anhält, im Gespräch ihre jeweiligen Interessen stärker herauszustellen, eine Ehe festigen.

Neuaufflammen der Konflikte. Bei dem letzten Kriterium geht es um die Frage, ob ein bestimmter Ansatz dauerhafte Lösungen bewirkt. Bei der einfachsten Form eines neuaufflammenden Konflikts schlägt bereits der Versuch, eine Lösung zu finden, fehl. Ein Beispiel ist der scheinbar gelöste Konflikt zwischen Vater und jugendlichem Sohn zum Thema Ausgehverbot, der immer wieder neu aufflammt. Eine subtilere Form liegt vor, wenn zwar für einen ganz bestimmten Konflikt eine Lösung gefunden wurde, diese aber nicht verhindert, daß derselbe Konflikt zwischen einer der Konfliktparteien und einer anderen Partei oder auch zwischen zwei anderen Parteien derselben Gruppen ausbricht. Ein Beispiel: Ein Mann, der für schuldig befunden wurde, eine weibliche Angestellte sexuell belästigt zu haben, kommt mit seinem Opfer zwar zu einer für sie zufriedenstellenden Übereinkunft, belästigt aber dennoch weiterhin andere Angestellte. Oder er selbst unterläßt dies, aber andere Mitarbeiter derselben Firma verhalten sich nun genauso.

Die Beziehung zwischen den vier Kriterien. Die oben aufgeführten vier Kriterien sind eng miteinander verflochten. Unzufriedenheit mit den Ergebnissen belastet die Beziehung, trägt zum erneuten Ausbrechen alter Konflikte bei und erhöht die Transaktionskosten. Da die unterschiedlichen Kosten stets zusammen steigen und fallen, erscheint es angemessen, alle vier Kriterien als die Kosten des Konflikts zu bezeichnen. Wenn wir von einem mit »hohen« bzw. »niedrigen Kosten« verbundenen Ansatz sprechen, dann verstehen wir darunter nicht nur die Transaktionskosten, sondern auch die Unzufriedenheit mit den Ergebnissen, die Belastung der Beziehung und das Neuaufflammen der Konflikte.

Manchmal kann ein Kostenpunkt – dies gilt insbesondere für kurzfristige Belastungen – nur dann gesenkt werden, wenn ein anderer erhöht wird. Wenn Vater und Sohn sich zusammensetzen, um ihre konkurrierenden Interessen zum Thema Ausgehverbot zu diskutieren, können die kurzfristigen Transaktionskosten (Zeitfaktor und Energie) sehr hoch sein. Diese Kosten werden jedoch durch eine erfolgreich geführte Verhandlung mehr als ausgeglichen, denn eine bessere Beziehung und keine weiteren Verletzungen des Ausgehverbots sind das Ergebnis.

Welcher Lösungsansatz ist der kostengünstigste?

Damit hätten wir das Wort »besser« anhand der vier Arten der Kostenentstehung umrissen. Hatte nun der Leiter des Bergwerks recht mit seiner Annahme, es sei besser, die Interessen der Konfliktparteien in den Vordergrund zu stellen? Auch eine weitere Frage ist wichtig: Ist ein Rechtsstreit kostengünstiger als eine Auseinandersetzung um Machtpositionen, falls der interessenorientierte Lösungsansatz scheitert?

Interessen gegen Recht und Macht. Ein Konflikt wird effektiver gelöst, wenn die Interessen und nicht die Rechts- bzw. Machtpositionen herausgestellt werden. Nehmen wir z. B. an: Gegen den Vorarbeiter eines Bergwerks ist eine Beschwerde vorgebracht worden, weil dieser Arbeiten ausgeführt hatte, zu denen er laut Vertrag nicht befugt war. Häufig liegen derartigen Beschwerden völlig andere Ursachen zugrunde: Ein Bergarbeiter fühlt sich ungerecht behandelt, da ihm eine unliebsame Arbeit zugewiesen wurde. Aus Rache reicht er eine Beschwerde gegen den Vorarbeiter ein. Will man dem ursächlichen Problem auf den Grund gehen, genügt es hier nicht, sich den Arbeitsvertrag des Vorarbeiters anzusehen. Auch ein Streik würde das Problem nicht lösen. Setzen sich jedoch Vorarbeiter und Bergarbeiter zusammen, um die zukünftige Arbeit des Bergarbeiters zu besprechen, dann wird der Konflikt zur Zufriedenheit aller beigelegt werden.

Ein solcher Lösungsansatz trägt also dazu bei, versteckte Probleme aufzudecken, und hilft gleichzeitig den Parteien herauszufinden, welche Punkte für welche Partei von größerer Bedeutung sind. Wenn die Parteien Fragen von geringerer Bedeutung gegenüber Fragen von größerer Bedeutung zurückstellen, profitieren alle Beteiligten von der Lösung des Konflikts. Denken wir zum Beispiel an eine Gewerkschaft und einen Arbeitgeber, die sich mit zwei Punkten befassen: 1. mehr Freizeit, 2. Flexibilität in der Arbeitsverteilung. Obgleich den Gewerkschaftern bei dem Gedanken an eine flexiblere Arbeitsverteilung nicht wohl ist, gilt ihr Hauptinteresse doch eindeutig dem Mehr an Freizeit. Dem Arbeitgeber hingegen liegt sehr viel mehr an einer flexibleren Arbeitsverteilung. Eine Vereinbarung, die der Gewerkschaft die gewünschten zusätzlichen freien Tage garantiert und dem Arbeitgeber die ihm vorschwebende Flexibilität in der Arbeitsverteilung einräumt, würde wahrscheinlich beide Parteien zufriedenstellen. Solche beiderseitigen Gewinne werden wohl am ehesten verwirklicht, wenn die Parteien die Interessen der jeweils anderen Partei berücksichtigen. Sind jedoch Rechtspositionen (z. B. bei einem Rechtsstreit) oder Machtpositionen (z. B. bei einem Streik) bestimmend, so sieht sich gewöhnlich eine Seite am Ende als Verlierer.

Ein Interessenausgleich bringt daher im allgemeinen beiden Parteien ein höheres Maß an Zufriedenheit als die Bestimmung von Rechts- bzw. Machtpositionen. Die Zufriedenheit der Parteien wirkt sich langfristig positiv auf ihre Beziehung aus und verringert die Gefahr neu aufflammender Konflikte. Da der Akzent auf einseitigem Gewinnen bzw. Verlieren liegt, führt dies hingegen zwangsläufig zu feindseligen und belasteten Beziehungen. In vielen Fällen gibt der Verlierer jedoch nicht sofort auf, sondern ruft ein höheres Entscheidungsgremium an oder denkt an Rache. Freilich kann das Ausgleichen von Interessen, insbesondere wenn viele Parteien an dem Konflikt beteiligt sind, viel Zeit in Anspruch nehmen. Im allgemeinen verblassen diese Kosten jedoch angesichts der Transaktionskosten, die ein Kampf um Rechts- und Machtpositionen (z. B. Gerichtsverhandlungen, heimliche Übernahme eines Unternehmens oder Kriegführung) verursachen würde.

Sie sollten beachten: Die Interessen der Konfliktpartner in den Vordergrund zu stellen, führt im Gegensatz zur Bestimmung von Rechts- bzw. Machtpositionen zu zufriedenstellenderen Ergebnissen, besseren Beziehungen, weniger häufig neuaufflammenden Konflikten und unter Umständen auch zu geringeren Transaktionskosten. Außerdem ist ein an Interessen orientierter Lösungsansatz weniger kostspielig als ein an Recht oder Macht orientierter.

Recht gegen Macht. Obgleich die Bestimmung von Rechts- bzw. Machtpositionen eine Beziehung sehr belasten kann, ist es doch ein geringeres Opfer, sich einer fairen Entscheidung zu beugen als einer Drohung. In unserem Konflikt zwischen Vater und Sohn wird sich eine Diskussion über unabhängige Normen (z. B. die Ausgehverbote anderer Jugendlicher) wahrscheinlich weniger belastend auf die Beziehung auswirken als Drohungen.

Die Bestimmung von Rechts- bzw. Machtpositionen führt häufig zum Kampf, der über Sieg bzw. Niederlage entscheiden soll. Worte werden als Waffe benutzt, um eine dritte Partei, die den Fall entscheiden soll (z. B. bei einem Gerichtsverfahren), von der Richtigkeit des Anspruchs zu überzeugen. Es können aber auch Maßnahmen ergriffen werden, die der anderen Seite demonstrieren, wer der Stärkere ist (z. B. in einem Stellvertreterkrieg). Der Kampf um Rechtspositionen unterscheidet sich vom Kampf um Machtpositionen hauptsächlich durch die Höhe der Transaktionskosten. Ein Kampf um Machtpositionen verbraucht natürlich mehr Mittel und hat mehr verpaßte Gelegenheiten zur Folge als ein Kampf um Rechtspositionen. Bei einem Arbeitskampf liegen die Belastungen höher als bei einem Schiedsverfahren, bei Gewaltakten liegen die Kosten deutlich über denen eines Gerichtsverfahrens. Die hohen Transaktionskosten ergeben sich nicht nur aus den verbrauchten Mitteln, sondern auch aus der Zerstörung der Mittel aller Beteiligten. Schließlich kann insbesondere die Zerstörung des Gegners Ziel des Machtkampfes sein. Darüber hinaus führen Machtkämpfe häufig zu neuen Verletzungen und neuen Konflikten, die Wut, Mißtrauen und den Wunsch nach Vergeltung zur Folge haben. Sie fügen einer Beziehung mehr Schaden zu und erhöhen im Vergleich zum Kampf um Rechtspositionen die Gefahr neuaufflammender Konflikte. Generell ist daher ein an Recht orientierter Lösungsansatz kostengünstiger als ein an Macht orientierter.

Fassen wir noch einmal zusammen: Im allgemeinen ist ein Interessenausgleich mit geringeren Kosten verbunden als ein Rechtsstreit. Die Bestimmung von Rechtspositionen ist wiederum mit geringeren Kosten verbunden als die Auseinandersetzung um Machtpositionen. Das heißt aber nicht, daß es immer besser ist, die Interessen über die Bestimmung von Rechts- bzw. Machtpositionen zu stellen. Es bedeutet vielmehr nur, daß die Parteien, widmen sie sich in erster Linie ihren Interessen, im allgemeinen die Transaktionskosten senken, zufriedenstellendere Ergebnisse erzielen, ihre Beziehung weniger belasten und die Gefahr neuaufflammender Konflikte niedrig halten.

Interessen herauszustellen reicht nicht aus

Trotz der genannten Vorteile ist es weder möglich noch erstrebenswert, *alle* Konflikte durch einen Interessenausgleich beseitigen zu wollen.

Wann ist es notwendig, Rechts- bzw. Machtpositionen zu bestimmen?

Um eine voreingenommene Partei an den Verhandlungstisch zu holen und um mit einer auf Interessenausgleich zielenden Verhandlung beginnen zu können, müssen zuvor die Rechts- bzw. Machtpositionen bestimmt werden. Umweltschützer strengen beispielsweise ein Verfahren gegen einen Städteplaner an, um eine Verhandlung herbeizuführen. Gemeindevertreter organisieren eine Demonstration vor dem Rathaus, um den Bürgermeister zu Gesprächen über eine Verbesserung der Müllabfuhr zu bewegen.

In anderen Konflikten erzielen die Parteien auf der Grundlage ihrer Interessen keine Übereinkunft, weil ihre Meinungen über die Rechts- bzw. Machtpositionen so sehr voneinander abweichen, daß keine Verhandlungsbasis gegeben ist. Um die gesetzlichen Grenzen abzustecken, innerhalb derer eine Lösung möglich ist, kann ein Rechtsverfahren nötig werden. Sind eine entlassene Angestellte und ihr Arbeitgeber (sowie deren Anwälte) unterschiedlicher Ansicht darüber, ob ein Gericht der Angestellten eine Entschädigung zusprechen wird oder nicht, wird es für beide Seiten schwierig werden, einen außergerichtlichen Vergleich zu schließen. Unverbindliche Schiedsverfahren können die Parteien über ihre Rechte aufklären und ihnen gestatten, selbständig eine Lösung auszuhandeln.

Die Ungewißheit über Rechtspositionen kann manchmal Verhandlungen ebenso erschweren wie die Ungewißheit über relative Machtpositionen. Will eine Partei demonstrieren, daß das Machtverhältnis sich zu ihren Gunsten verschoben hat, wird sie zu der Überzeugung gelangen, daß nur ein Machtkampf Klarheit schafft. So genen Arbeitgeber- und Arbeitnehmervertreter häufig von der falschen Annahme aus, daß sich eine konfliktreiche Beziehung zwischen Gewerkschaft und Betriebsleitung nur nach einem langandauernden Streik wieder beruhigt. Diese langfristigen Vorteile rechtfertigen in manchen Fällen Machtkämpfe mit hohen Transaktionskosten.

In einigen Konflikten stellen sich die Interessen als so gegensätzlich dar, daß eine Einigung nicht möglich ist. So wird der Konflikt zwischen Abtreibungsgegnern und einem Krankenhaus über das Weiterbestehen dieser Klinik nicht dadurch gelöst werden, daß die Parteien ihre jeweiligen Interessen vorbringen. Eine Lösung wird wahrscheinlich nur durch einen Rechtsstreit (z. B. Gerichtsverfahren) oder einen Machtkampf (z. B. Demonstration) oder eine Auseinandersetzung in der Legislative möglich sein.

Wann sind auf Recht bzw. Macht basierende Strategien wünschenswert?

Es ist zwar weniger kostspielig, Interessen auszugleichen als Rechts- bzw. Machtpositionen zu bestimmen, aber nur ein Rechtsspruch kann eine Frage von öffentlichem Interesse verbindlich entscheiden. Wäre der Fall Brown gegen Board of Education (347 US 483), der 1954 vor dem Obersten Gerichtshof der Vereinigten Staaten von Amerika entschieden wurde und der die Rassentrennung in öffentlichen Schulen verurteilt, durch Verhandlungen und nicht durch einen Rechtsspruch entschieden worden, dann wäre das Ergebnis wahrscheinlich dasselbe gewesen – der schwarze Kläger hätte eine öffentliche Schule in Topeka, Kansas, besuchen dürfen. Auf gesellschaftlicher Ebene wären die Auswirkungen jedoch weit weniger bedeutend gewesen. Der Fall Brown legte aber den Grundstein für die Beseitigung der Rassenschranken in allen öffentlichen Schulen der Vereinigten Staaten. Vom gesellschaftlichen Standpunkt aus betrachtet ist also zumindest in einigen Fällen ein Gerichtsverfahren einer auf Interessenausgleich zielenden Verhandlung vorzuziehen.

Menschen sind häufig der Überzeugung, daß eine starke Partei schlecht beraten sei, ihre Interessen herauszustellen, wenn sie mit einer schwächeren zu tun habe. Aber selbst wenn eine Partei stärker ist, sind die Kosten, der anderen den Willen aufzuzwingen, hoch. Schließlich müssen den Drohungen, wenn sie ernst genommen werden sollen, ab und zu Taten folgen. Kann die schwächere Partei der ihr aufgezwungenen Entscheidung nicht vollständig Folge leisten, macht dies teure Kontrollen durch die stärkere Partei erforderlich. Die schwächere Partei wird aus Rache vielleicht auch kleinere Aktionen durchführen, die zwar keinen großen Schaden anrichten, aber dennoch ein Ärgernis darstellen. Hohe Kosten entstehen, wenn sich das Machtverhältnis verschiebt (und das kann recht unerwartet geschehen) oder etwa eine Zusammenarbeit mit der schwächeren Partei auf einem anderen Gebiet nötig wird. Es ist daher für eine stärkere Partei durchaus erstrebenswert, durch Machtkämpfe zwar Grenzen abzustecken, danach aber auch die Interessen der anderen Partei wieder zu berücksichtigen.

Kostengünstige Möglichkeiten zur Bestimmung von Rechts- bzw. Machtpositionen

Da Recht und Macht bei einer wirksamen Konfliktbewältigung eine wichtige Rolle spielen, erweist es sich als nützlich, die Kosten beider Verfahren näher zu betrachten. Wir unterscheiden drei Arten von Strategien, die auf Recht bzw. Macht basieren: 1. Verhandlungen, 2. kostengünstige Wettkämpfe und 3. kostspielige Wettkämpfe. Auf Recht basierende Verhandlungen sind natürlich weniger kostspielig als ein Rechtsstreit (Gerichtsverfahren oder Schiedsverfahren). Ähnliches gilt für die auf Macht basierenden Verhandlungen (z. B. Drohungen), die natürlich weniger kosten als Machtkämpfe, in deren Verlauf diese Drohungen wahrgemacht werden. Unterschiedliche Methoden verursachen unterschiedliche Kosten. Benutzt ein Schiedsgericht einfachere als bei den staatlichen Gerichten übliche Verfahren (umfassende Beweisführung, Anträge zu Verfahrensänderungen und lange Zeugenbefragungen), wird es weitaus kostengünstiger sein, ein Schiedsgericht anzurufen als ein Gericht. In einer Auseinandersetzung kann Brüllen weniger kostspielig sein als Gewaltanwendung. Das Bestreiken von Überstunden wird weniger kostspielig sein als ein vollständig durchgeführter Arbeitskampf.

Das Ziel: Ein an Interessen orientiertes Konfliktlösungssystem

Nicht alle Konflikte können – oder sollen – durch Interessenausgleich beigelegt werden. Auf Recht bzw. Macht basierende Strategien sind hilfreich in Situationen, in denen auf Interessen basierende Strategien wenig erreichen können. Problematisch ist jedoch, daß auf Recht bzw. Macht basierende Verfahren häufig unangemessen ohne Berücksichtigung anderer Strategien eingesetzt werden. Unser Ziel ist also ein Konfliktlösungssystem, das der rechten Pyramide in Abb. 2 entspricht: Die meisten Konflikte werden hier durch einen Interessenausgleich beigelegt, einige durch die Bestimmung von Rechts- und die wenigsten durch die Bestimmung von Machtpositionen. Im Gegensatz dazu würde ein gestörtes Konfliktlösungssystem aussehen wie die umgekehrte Pyramide auf der linken Seite von Abb. 2. Hier werden vergleichbar wenige Konflikte durch Interessenausgleich gelöst, viele hingegen durch Bestimmung von Rechts- bzw. Machtpositionen beigelegt.

Abb. 2: Von einem gestörten zu einem effektiven Konfliktlösungssystem

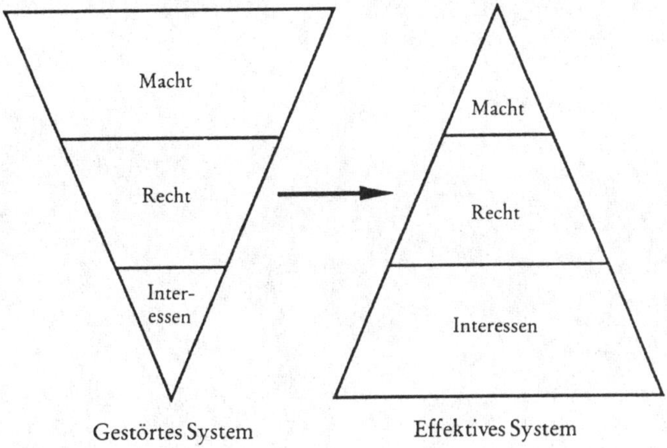

Aufgabe des Designers von Konfliktsystemen ist es nun, die Pyramide herumzudrehen. Er soll ein System entwickeln, das den Interessenausgleich fördert und gleichzeitig Wege für die kostengünstige Bestimmung der Rechts- bzw. Machtpositionen solcher Konflikte anbietet, die nicht durch einen Interessenausgleich gelöst werden können oder sollen. Sie als Leser haben nun Gelegenheit, den Systemdesigner bei seiner Arbeit zu begleiten oder selbst seine Rolle einzunehmen.

2. Kapitel

Das bestehende Konfliktlösungssystem untersuchen

Damit Sie ein effektives Konfliktlösungssystem entwickeln können, sollten Sie zunächst einmal das bestehende System analysieren und bewerten. Fragen Sie danach, welche Konflikttypen auftreten, welche Verfahren eingesetzt werden und warum die Parteien bestimmte Strategien benutzen. Die Bewertung ist deshalb so wichtig, weil neue Strategien ohne Erfolg bleiben werden, wenn sie nicht denselben Anforderungen genügen, die die Parteien an die augenblicklich eingesetzten Strategien stellen.

In einem großen amerikanischen Unternehmen gehen Rechtsanwälte und Manager periodisch die letzten Rechtsstreitigkeiten der Firma durch, um voraussagen zu können, welche Konflikttypen in Zukunft auftreten werden, und um festzustellen, ob nicht weniger kostspielige und zufriedenstellendere Strategien benutzt werden könnten. In beschränktem Maße entspricht ihre Vorgehensweise unserer »Strategiebewertung«. Dieses sinnvolle Vorgehen kann auf jede Organisation und jede Beziehung angewandt und individuell ausgebaut werden. Rechtsanwälte und ihre Klienten, Gewerkschaften und Unternehmensleitung, Partner eines Joint Venture, amerikanische Delegierte bei Abrüstungsgesprächen und ihre sowjetischen Verhandlungspartner – sie alle könnten ihre alten und neuen Konflikte und Probleme nochmals daraufhin überprüfen, wie und zu welchen Kosten sie bewältigt wurden und werden.

Suchen Sie bei der Bewertung der Konfliktstrategien nach Antworten auf folgende drei Fragen:

1. *Welches* sind laufende und welches kürzlich aufgetretene Streitfragen? Wer sind die Konfliktparteien? Wie viele Konflikte treten auf? Die Antworten auf diese Fragen geben Auskunft über Art und Anzahl möglicher Konflikte in der Zukunft.
2. *Wie* werden die Konflikte beigelegt? Welche Konfliktstrategien werden eingesetzt und wie häufig? Wie hoch sind die Gesamtkosten, und wie groß ist der Nutzen der angewandten Strategien? Die Antworten vermitteln eine Vorstellung von den angewandten Strategien, mit denen Sie arbeiten können.
3. *Warum* werden besonders diese Verfahren eingesetzt? Welche Funktionen haben Gerichte, Machtkämpfe und andere kostspielige Verfahren? Welche Hindernisse müssen beseitigt werden, damit auf Interessenausgleich zielende Verhandlungen stattfinden können? Sollen diese Verhandlungen regelmäßig durchgeführt werden, dann müssen sie denselben Anforderungen genügen, die die Parteien zur Beseitigung der Hindernisse an die kostspieligen Strategien stellen.

Dieses Kapitel baut auf den Fragen *welche, wie* und *warum* auf und führt als zentrales Beispiel unsere Vermittlungsbemühungen in dem häufig bestreikten Bergwerk Caney Creek (1980) an (vgl. Kapitel 6). Zunächst widmen wir uns der Bewertung des Systems zur Konfliktlösung in einer Organisation oder Beziehung. Am Ende des Kapitels erörtern wir dann die Frage, wie man bei einer neuen Organisation oder Beziehung eine Untersuchung durchführt. Zuallererst stellen wir aber das Modell eines Konfliktlösungssystems vor.

Das Modell im Überblick

Wie in Abb. 3 dargestellt, stehen im Mittelpunkt eines Konfliktlösungssystems die zur Lösung des Konflikts angewandten Strategien. Die Konflikte (Inputs) werden in

Abb. 3: Modell eines Konfliktlösungssystems

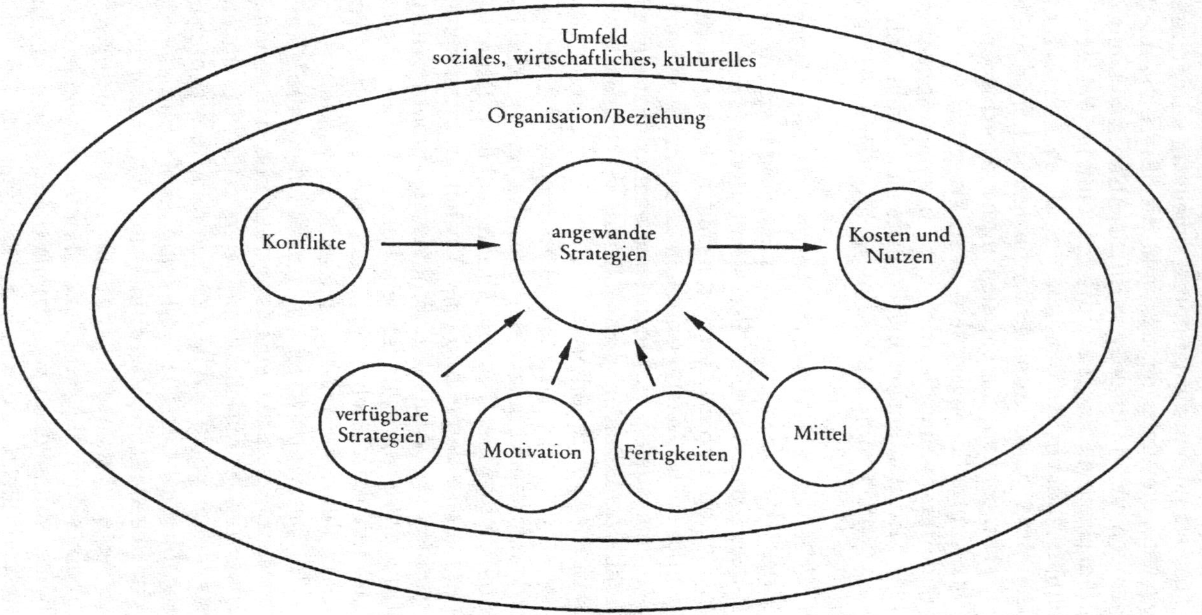

Kosten und Nutzen (Outputs) umgewandelt: Transaktionskosten, die Zufriedenheit mit den Ergebnissen, Auswirkungen auf die Beziehung und die Häufigkeit, mit der alte Konflikte wieder neu aufflammen. Vier Faktoren haben einen direkten Einfluß auf die angewandten Strategien: die verfügbaren Strategien, die Motivation der Parteien, die Fertigkeiten der Parteien und die verfügbaren Mittel. Das Konfliktlösungssystem dient einer Organisation oder einer Beziehung, die wiederum in einem größeren sozialen, wirtschaftlichen und kulturellen Umfeld steht, wobei das Umfeld indirekt auf die angewandten Verfahren einwirkt.

Schauen wir uns ein Beispiel an: In Caney Creek führte das Direktionsrecht immer wieder zu neuen Konflikten zwischen den Bergarbeitern und der Unternehmensleitung. Bei diesen Konflikten waren Kämpfe um Rechts- bzw. Machtpositionen die am häufigsten *angewandten* Strategien. Auf Interessenausgleich zielende Verhandlungen fanden, wenn überhaupt, nur selten statt. Die Bergarbeiter kapitulierten häufig. Die Anzahl der Schiedsverfahren und auf Recht basierenden Verhandlungen war verhältnismäßig hoch. Wilde Streiks (im Durchschnitt ein Streik pro Monat) waren durchaus keine Seltenheit. Die daraus resultierenden hohen Kosten sind daher kaum verwunderlich: Lohn- und Produktionseinbußen, die in die Hunderttausende gingen, ein hohes Maß an Unzufriedenheit mit den Ergebnissen, eine stark belastete Beziehung und zahlreiche neuaufflammende Konflikte.

In Caney Creek gehörten neben den *verfügbaren Strategien* zur Konfliktbewältigung auch der im nationalen Tarifvertrag vorgeschriebene vierstufige Beschwerdegang sowie der wilde Streik, das traditionelle Machtinstrument der Bergarbeiter. Die *Motivation* der Bergarbeiter zu streiken übertraf ihre Motivation, sich an den vertraglich festgelegten Beschwerdegang zu halten. Auch wenn ein Streik selten zu zufriedenstellenden Ergebnissen führte, bot er ihnen doch wenigstens die Möglichkeit, ihre Wut auszudrücken und Rache zu nehmen. Die Konfliktgegner zeigten nicht nur Defizite beim Zuhören, sondern auch bei der Anwendung problemlösender Verfahren. So war es fast unmöglich, schwierige und emotionsgeladene Konflikte zu verhandeln. Für interessenorientierte Konfliktstrategien standen nur wenige Mittel zur Verfügung. Es gab weder natürliche dritte Parteien, die zwischen der Gewerkschaft und der Betriebsleitung hätten vermitteln können, noch einen für die Personalpolitik zuständigen Manager.

Und dieses anfällige Konfliktlösungssystem diente nun als *Verbindungsglied* zwischen zwei Organisationen – der Gewerkschaft und der Betriebsleitung. Auch die Organisationen hatten Einfluß auf die angewandten Verfahren. So waren weder Gewerkschaftsvertreter noch Manager wegen ihrer besonderen Fertigkeiten bei der Problemlösung ausgewählt oder für diese Zwecke geschult worden. Ferner war die Beziehung in ein größeres wirtschaftliches, soziales, kulturelles und politisches *Umfeld* eingebettet. So erklärte die Tatsache, daß die Bewohner der Appalachenregion seit jeher gewohnt sind, für ihre Rechte zu kämpfen, beispielsweise die Neigung der Bergarbeiter, Verfahren einzusetzen, die auf Recht bzw. Machtauseinandersetzung basieren. In Anbetracht der Verfahren, der Fertigkeiten, der Motivation, der Mittel, der Organisation und des Umfelds ist es kaum verwunderlich, daß interessenorientierte Verhandlungen in Caney Creek seltener benutzt wurden als Schiedsverfahren und wilde Streiks.

Die drei für die Bewertung wichtigen Fragen – welche, wie und warum – beziehen sich so auf das in Abb. 3 dargestellte Modell: Die Welche-Frage untersucht die Konflikte näher. Die Wie-Frage geht den angewandten Verfahren sowie deren Kosten und ihrem Nutzen auf den Grund. Die Warum-Frage befaßt sich in erster Linie mit den vier Faktoren, die die angewandten Verfahren direkt beeinflussen, schließt aber auch den Einfluß der Organisation (oder Beziehung) und des Umfelds ein.

Worum geht es bei den Konflikten?

Ein Systemdesigner stellt unter anderem folgende Fragen:

- Wer sind die Konfliktgegner? Wer spielt bei dem Konflikt eine wichtige Rolle? An der Bryant High School in New York, in der Spannungen und Gewaltakte zur Regel zu werden drohten, waren an einigen Konflikten nur Schüler, an anderen Schüler und Lehrer und wieder an anderen Schüler und Eltern beteiligt. Das Konfliktlösungssystem, das für diese Schule ausgearbeitet worden war, bezog alle Beteiligten ein. In anderen Organisationen wiederum kann es für die unterschiedlichen Parteien unterschiedliche Systeme geben. Ein Unternehmen kann zum Beispiel bei Kundenbeschwerden, Auseinandersetzungen mit Lieferanten, Beschwerden von Angestellten, Streitigkeiten zwischen Abteilungen oder Problemen, die bei Joint-Venture-Verhandlungen entstehen, jeweils unterschiedliche Systeme einsetzen.
- Welche Konflikttypen gibt es? Sind Konflikte sehr stark von Gefühlen geprägt, dann muß der Systemdesigner Möglichkeiten in Erwägung ziehen, die es den Beteiligten erlauben, ihren Emotionen Ausdruck zu verleihen. Geht es bei den Konflikten um rein rechtliche oder technische Fragen, beispielsweise um die Zahlung, die Fujitsu für IBM-Software zu leisten hat, dann eignet sich möglicherweise am ehesten ein kostengünstiges Rechtsverfahren.
- Wie häufig kommt es zu Konflikten? Läßt dies auf die Anzahl zukünftiger Konflikte schließen? Bei der Auseinandersetzung zwischen IBM und Fujitsu war die Frage nach dem geistigen Urheberrecht bereits in Hunderten von Fällen Streitgegenstand und würde es auch weiterhin bleiben. Bei der großen Anzahl von Streitfällen zwischen beiden Unternehmen waren die Transaktionskosten für konventionelle Rechtsverfahren (z. B. Gerichts- oder Schiedsverfahren) gewaltig. Dies machte

die Entwicklung von Verfahren notwendig, die die Anzahl derartiger Konflikte reduzieren und neue Streitfälle möglichst kostengünstig beilegen würde.

- Werden Veränderungen in der Organisation oder der Beziehung oder auch im weiteren Umfeld erwartet, die die Anzahl und die Art der auftretenden Konflikte beeinflussen könnten? Der vermehrte Einsatz von Computern am Arbeitsplatz kann zu neuen Konflikten oder sogar zu Entlassungen von Arbeitnehmern führen, deren Dienste nicht mehr benötigt werden. Eine Rezession kann eine Verringerung der Gewinnspanne zur Folge haben und dadurch bei den Arbeitnehmern, die um ihre Gehälter und die Sicherheit ihrer Arbeitsplätze bangen, Interessenkonflikte verschärfen. Neue Verordnungen (z. B. gegen die Diskriminierung von AIDS-Infizierten) können eine neue Kategorie von Streitfällen schaffen. Veränderungen dieser Art werden nicht nur die Interessen, sondern auch die Rechts- und Machtpositionen beeinflussen. Sie können Interessenkonflikte verschärfen oder völlig neue Interessengegensätze schaffen. Werden Menschen dazu motiviert, ihre Rechtspositionen oder ihre relative Macht neu einzuschätzen, kommt es bei der abermaligen Bestimmung von Rechts- bzw. Machtpositionen häufig erneut zu Auseinandersetzungen.
- Welche Ursachen haben die Konflikte? In manchen Fällen weist das Herausfinden von Ursachen schon darauf hin, wie ähnlich gelagerte Konflikte in Zukunft vermieden werden können. Ist beispielsweise die als ungerecht empfundene Überstundenpolitik eines Unternehmens für den völlig überlasteten Beschwerdegang verantwortlich, dann könnte eine Änderung dieser Politik die Anzahl der Streitfälle reduzieren. Häufig sind Interessenkonflikte die Ursachen: Die Gewerkschaft will mehr Geld für weniger Arbeit, die Betriebsleitung mehr Arbeit für weniger Geld; die Verkaufsabteilung will mehr Fernsehmodelle anbieten, die Produktionsabteilung weniger. Derartige Konflikte werden fälschlicher-

weise leicht als bloßes Aufeinanderprallen von Temperamenten abgetan. Ein Systemdesigner beschrieb die häufig auftretenden Konflikte zwischen der überregionalen Organisation einer Gewerkschaft und der größten regionalen Organisation derselben Gewerkschaft.

Vieles wird auf das Temperament der Beteiligten geschoben. Ich bin zwar der Meinung, daß das eine Rolle spielt, glaube aber auch, daß die Ursachen des Konflikts im Aufbau der Organisation begründet liegen, weil ich dasselbe Phänomen bereits in verschiedenen Staaten beobachtet habe. Die große regionale Gewerkschaft verschafft sich gewisse Vorteile. Wenn dann die überregionale Organisation versucht, ähnliche Vorteile gesetzlich abzusichern, findet sie nur geringe aktive Unterstützung bei der regionalen Gewerkschaft. Es ist ein gewaltiger Konflikt, der sich aber häufig in Auseinandersetzungen zwischen Personen manifestiert.

Wie werden Konflikte bewältigt?

Jeder Organisation oder Beziehung stehen eine Vielzahl von Konfliktstrategien zur Verfügung. Probleme zwischen Ehepartnern können z.B. auf die unterschiedlichste Weise gelöst werden: durch Gespräche, in denen sie ihre Interessen vorbringen, durch Drohen und Schmollen oder durch die informelle Vermittlung eines Freundes. Im Extremfall kommt es zur Gewaltanwendung oder Ehescheidung. Konflikte zwischen Abteilungsleitern eines Unternehmens können durch Verhandlungen gelöst oder einem Vorgesetzten zur Entscheidung vorgelegt werden. Auseinandersetzungen zwischen Stadtverwaltungen und Städteplanern über den Standort einer Sondermülldeponie können durch Verhandlungen, gerichtliche Entscheidungen oder durch Abstimmung der Legislative entschieden werden.

Häufig kommen diese unterschiedlichen Strategien gleichzeitig oder nacheinander zum Einsatz. So haben die Parteien eines Joint Venture, die ihren Konflikt nicht durch Verhandlungen beilegen können, beispielsweise die Möglichkeit, ein Gericht anzurufen, während sie gleichzeitig gemeinsam mit ihren Anwälten die Verhandlungen fortführen. Eheleute können routinemäßig mit einer Auseinandersetzung über Rechtspositionen beginnen, dann dazu übergehen, die Streitfrage ganz und gar zu vermeiden, um sie dann erneut zu erörtern und den Konflikt schließlich dadurch zu bewältigen, daß einer der Ehepartner nachgibt. Kommt es dann wieder zum Streit, folgen sie demselben Verhaltensmuster.

Die Vorgehensweise bei Konflikten kann auch formell durch Gesetze, Verträge oder Vorschriften (z. B. einer Organisation) geregelt sein. Besteht die Gefahr eines nationalen Notstandes durch einen zu erwartenden Arbeitskampf, kann der Präsident der Vereinigten Staaten laut Taft-Hartley Act einen Untersuchungsausschuß einberufen und mit Hilfe von gerichtlichen Anordnungen den Streik für achtzig Tage untersagen. Während dieser Zeit erstellt der Untersuchungsausschuß einen zweiten Bericht, gefolgt von einer Urabstimmung. Erst dann ist ein Streik legal. Viele Verträge sehen Vertragsauslegung durch Schiedsverfahren vor. Eine Vielzahl von Unternehmen schreiben einen genau festgelegten Beschwerdeweg vor, dem die Kunden bei Reklamation folgen. Allerdings bedeutet die Tatsache einer formell festgelegten Vorgehensweise noch lange nicht, daß diese auch wie vorgesehen benutzt wird.

Die angewandten Strategien genau aufzeichnen

Um ein vollständiges Bild darüber zu erhalten, wie Konflikte mit Hilfe eines bestimmten Systems bereinigt werden, sollten Sie die angewandten vorgeschriebenen und nicht vorgeschriebenen Verfahren genau aufzeichnen. Dies ist insofern nützlich, als Sie sonst Gefahr laufen, neue Strategien zu entwickeln, die die bereits vorhandenen nicht angemessen berücksichtigen. Diese Vorgehensweise wird Ihnen helfen, die unterschiedlichen Verfahren, die zur Anwendung kommen, ihre relative Häufigkeit, ihre – sofern vorhanden – regelmäßige Reihenfolge und die Zeit, die für die Konfliktbewältigung veranschlagt werden muß, festzulegen.

Fragen Sie:

- Wie wird eine Beschwerde eingereicht? Bei wem wird die Beschwerde eingelegt? Wie häufig kapitulieren die Kläger? In vielen Ehen ist es beispielsweise üblich, daß einer oder auch beide Partner die kleinen Fehler, die sie an dem anderen stören, einfach hinnehmen. Sie glauben, daß Kritik zu keinen Änderungen führen wird, oder sie befürchten eine Auseinandersetzung, die ihrer Beziehung schaden wird.
- Was geschieht, wenn Streitfälle verhandelt werden? Wieviele Konflikte werden durch Verhandlungen beigelegt? Suchen die Parteien nach Lösungen, die alle Beteiligten zufriedenstellen werden oder stellen sie hauptsächlich ihre eigenen Rechtspositionen in den Vordergrund? Werden die Verhandlungen von Drohungen, Einschüchterungsversuchen oder anderen Machtmitteln beherrscht?
- Wie häufig werden Verhandlungen abgebrochen und was geschieht dann? Werden andere Parteien (Rechtsanwälte, Gewerkschaftsfunktionäre, Freunde) zu den Verhandlungen hinzugezogen? Bitten die Parteien eine dritte um Vermittlung? Werden die Streitfälle Vorgesetzten zur Entscheidung vorgelegt? Oder werden Streitigkeiten durch Kapitulation einer Partei (oder beider) aus der Welt geschafft?
- Stehen Rechtsverfahren zur Verfügung? Wenn ja, welche? Wie häufig wird auf sie zurückgegriffen und wie lange dauert es, bis schließlich eine Entscheidung vorliegt? Setzt sich eine Partei in den meisten Fällen durch?
- Wie oft brechen Machtkämpfe aus? Welche Art des Machtverhaltens wird demonstriert? Wie sehen die Er-

gebnisse aus? Gibt es stets einen Gewinner, oder dient der Machtkampf nur dazu, Ärger und Enttäuschung abzubauen?

Eine allgemeine Reihenfolge entwerfen

Diese Informationen über die angewandten Verfahren ermöglichen dem Systemdesigner, die Reihenfolge festzulegen, in der Konflikte im allgemeinen bewältigt werden, um sie dann in einem Schaubild darzustellen. Betrachten wir das hypothetische Modell eines Kohlebergwerks. Das Bergwerk benutzt das vierstufige, im Tarifvertrag festgelegte Schlichtungsverfahren. Auf der 1. Stufe beschwert sich ein Bergarbeiter direkt bei seinem Vorarbeiter. Ist er mit den Ergebnissen nicht zufrieden, bittet er das Bergarbeiterkomitee, die Beschwerde mit der Betriebsleitung zu erörtern (2. Stufe). Wird auch hier keine Einigung erzielt, so findet ein Treffen mit höheren Vertretern der Gewerkschaft und der Betriebsleitung (3. Stufe) statt. Schlägt auch dieser Versuch, den Konflikt beizulegen, fehl, wird die Beschwerde auf der 4. Stufe einem Schiedsrichter zur Entscheidung vorgelegt.

Abb. 4 veranschaulicht unser Beispiel. Das praktizierte Konfliktlösungsmodell des Bergwerks unterscheidet sich, wie wir durch Befragung und Beobachtung festgestellt haben, deutlich von den vorgeschriebenen Strategien. So sieht der Bergarbeiter zusätzlich zu dem vierstufigen Schlichtungsverfahren noch zwei Alternativen: die Kapitulation und den wilden Streik. Nach Aussagen der von uns befragten Bergarbeiter und Vertreter der Betriebsleitung sind in einem Jahr etwa zweihundert Beschwerden eingegangen. In 50 % der Fälle legten die Bergarbeiter bei ihrem Vorarbeiter eine Beschwerde ein; in fast der Hälfte der Fälle kapitulierten die Bergarbeiter; in zehn Fällen kam es zum Streik. Die Bergarbeiter entschlossen sich also in 50 % der Fälle, den vorgeschriebenen Weg nicht einzuschlagen.

Von den Problemen, die den Vorarbeitern vorgetragen

Abb. 4: *Kartogramm der Konfliktbewältigung in dem hypothetischen Modell eines Bergwerks*

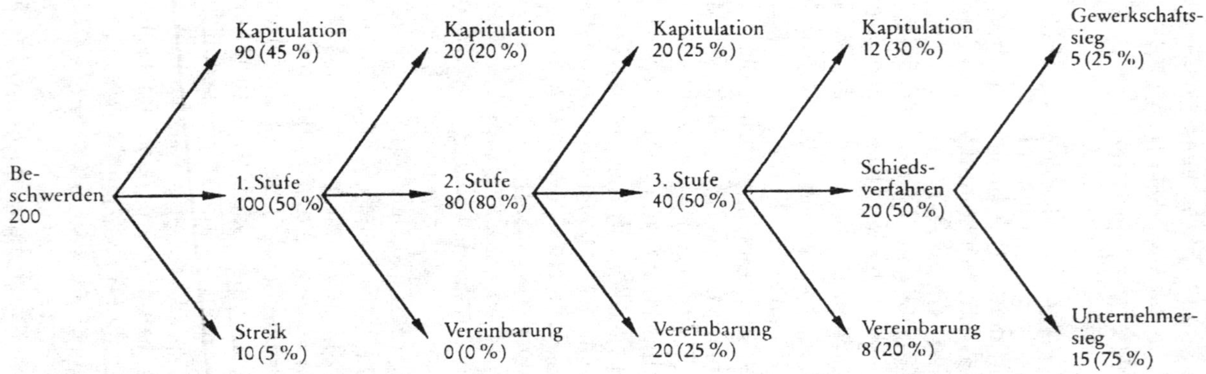

worden waren, wurde keines bereits auf dieser Stufe gelöst. 20 % der Beschwerden endeten mit der Kapitulation; die übrigen gelangten in die 2. Stufe. Bei einem Viertel der auf dieser Stufe geführten Verhandlungen kam es zu einer Vereinbarung; 25 % der Bergarbeiter gaben auf, und 50 % der Fälle gelangten in die 3. Stufe. Dort endete nur ein Fünftel der Streitfälle mit einer Vereinbarung, die Hälfte kam vor ein Schiedsgericht; in den übrigen Fällen kapitulierten die Bergarbeiter. 25 % der durch ein Schiedsverfahren entschiedenen Fälle gewannen die Bergarbeiter, 75 % das Unternehmen. Zwar wurden bei einigen der auf der 2. Stufe geführten Verhandlungen die Interessen der Beteiligten berücksichtigt. Bei der Mehrzahl handelte es sich aber um auf Recht basierende Verhandlungen; für die 3. Stufe traf dies fast ausschließlich zu.

Abb. 4 sagt viel über die in diesem Bergwerk angewandten Konfliktstrategien aus. Es bestand scheinbar ein geringes Maß an Vertrauen in die vorgeschriebene Verfahrensweise, da 50 % der Bergarbeiter aufgaben oder in Streik traten, noch bevor der Beschwerdegang überhaupt eingeschlagen worden war. Daß eine gewisse Anzahl von Fällen nicht weiter verfolgt wird, ist durchaus normal, aber die hier angezeigte Häufigkeit läßt ein beträchtliches Maß an Unzufriedenheit mit dem vorgeschriebenen Verfahrensweg vermuten. Die 1. Stufe bietet nur die Möglichkeit, Beschwerden vorzubringen – Einigungen wurden in diesem Stadium nicht erzielt. Auf der 2. Stufe kamen dann einige Vereinbarungen zustande, wenn ein auf Interessenausgleich zielender Lösungsweg eingeschlagen worden war. Sowohl nach der 2. als auch nach der 3. Stufe kapitulierte eine beträchtliche Anzahl der Bergarbeiter. Offenbar erwarteten viele von ihnen nichts von den Verfahren auf der 3. Stufe oder von einem Schiedsverfahren, nachdem nicht bereits nach der 2. Stufe eine Vereinbarung erzielt worden war. Außerdem sind schiedsrichterliche Entscheidungen einseitig. Welcher Grund auch immer vorliegen mag – die Aussichtslosigkeit des Falls, unerfahrene Anwälte oder voreingenommene Schiedsrichter –, es ist nicht verwunderlich, daß die Bergarbeiter wenig Vertrauen in Schiedsverfahren haben.

Alles in allem zeigt Abb. 4 ein gestörtes System: viele Kapitulationen und Machtkämpfe anstelle von Verhandlungen, keine bereits auf der 1. Stufe ausgehandelten Vereinbarungen, nur wenige nach der 3. Stufe und ein Schiedsverfahren, dessen Ergebnisse einseitig sind. Nur die 2. Stufe weist ein geringes Maß an Erfolg auf. Die gelegentliche Anwendung eines auf Interessen basierenden Lösungsweges auf der 2. Stufe könnte ein wichtiger Ansatzpunkt bei der Entwicklung eines neuen und verbesserten Systems sein. Die von uns beschriebene Vorgehensweise zeigt die Lücken im System auf: die im Verhältnis geringe Anzahl von interessenorientierten Strategien und die Diskrepanz zwischen den vorgeschriebenen und den dann tatsächlich angewandten Strategien.

Die Kosten veranschlagen

Nach der Sammlung von Informationen über Art, Dauer und Häufigkeit der angewandten Strategien sollte man die Kosten für die Konfliktbewältigung veranschlagen können. Um die Kosten senken zu können, ist es aber auch wichtig zu wissen, wie hoch sie am Anfang sind. Erst danach läßt sich beurteilen, wie erfolgreich die Veränderungen sind und ob gegebenenfalls Anpassungen vorzunehmen sind. Folgende prägnante Fragen sollen helfen, die Kosten zu bestimmen:

- Wieviel Zeit und Geld nehmen die verschiedenen Strategien in Anspruch?
- Wie zufrieden sind die Konfliktparteien mit den Ergebnissen?
- Welche Auswirkungen haben bestehende Verfahren auf die Beziehung der Personen und Organisationen?
- Wie häufig flammen dieselben Konflikte wieder neu auf, weil sie nie wirklich bewältigt wurden?

Vielleicht sind Sie versucht, sich die Zeit zu sparen, die Sie mit der Dokumentation der Kosten für die angewandten Verfahren verbringen. Dies wird besonders dann der Fall sein, wenn die Beziehung gefährdet ist und die Parteien darauf brennen, zu einem schnellen Ergebnis zu gelangen. Die systematisch durchgeführte Dokumentation des Designers ist jedoch dann nützlich, wenn Sie die bisherigen oder andere Parteien von den neuen Strategien überzeugen wollen. Dies war bei dem Schlichtungsverfahren für Beschwerden der Fall. Hier half eine vorsichtige Auswertung, das Schlichtungsverfahren auf andere Bergwerke und Industriezweige zu übertragen.

Warum werden Konflikte auf diese Weise beigelegt?

Warum kämpfen Menschen häufiger um Rechts- bzw. Machtpositionen anstatt zu verhandeln? Zu den möglichen Gründen zählen: fehlende interessengeleitete Verhandlungsstrategien, mangelnde Motivation, sie zu benutzen, mangelnde Fertigkeiten, fehlende Mittel sowie Hindernisse innerhalb der Organisation, der Beziehung oder im größeren Umfeld.

Fehlende Verfahren

In einer Organisation oder Beziehung stehen bestimmte Konfliktstrategien zur Verfügung. Sie können auf Gewohnheit beruhen (z. B. Streik), sie können aber auch formell von einer größeren Gruppe vorgegeben sein (z. B. Gerichte). Oder aber es handelt sich um Verfahren, auf die sich die Parteien oder ihre Vertreter geeinigt haben (z. B. das vertraglich festlegte Schlichtungsverfahren in der gewerkschaftlich organisierten Kohleindustrie); sie können aber auch von einer Seite zur Verfügung gestellt werden (z. B. der Beschwerdeweg für Firmenkunden).

Für bestimmte Problemstellungen stehen Verfahren

durch Gesetze, Verträge oder Vorschriften bereit. Andere Probleme werden ignoriert und führen zu Frustration, die sich gelegentlich in einem Machtkampf entlädt. In Caney Creek beispielsweise war eine spezielle Vorgehensweise nur für Auseinandersetzungen bei Vertragsauslegung vorgesehen. Für interpersonale Konflikte oder solche, die Fragen der Fairneß betrafen und nicht vertraglich festgelegt waren, standen keine festen Verfahrensregeln zur Verfügung. In den Auseinandersetzungen zwischen den Schülern der Bryant High School und Lehrern, der Schulverwaltung, Eltern und anderen Schülern konnten die Parteien nicht die Hilfe einer Schlichtungsstelle in Anspruch nehmen. Umweltschützer, die der Städte- und Straßenbauplanung ablehnend gegenüberstanden, zogen bis vor einigen Jahren meistens vor Gericht; problemlösende Verhandlungen waren praktisch unbekannt.

Personen und Organisationen, die sich in einem Konflikt befinden, sind nicht unbedingt auf solche Verfahren angewiesen, um miteinander in Verhandlungen zu treten. Ein problemlösendes Verfahren ist jedoch durchaus hilfreich, denn es verhindert, daß Streitigkeiten in Kämpfe um Rechts- bzw. Machtpositionen eskalieren. Das legt einige Fragen nahe, die der Systemdesigner stellen sollte:

- Stehen interessenorientierte Strategien zur Verfügung, um alle auftretenden Konflikte zu bewältigen?
- Kapitulieren die Parteien, weil keine vorgeschriebene Verfahrensweise existiert?
- Gibt es ein Schlichtungsverfahren, das die Interessen der Parteien in den Vordergrund stellt?

Mangelnde Motivation

Aber selbst wenn eine Verhandlungsstrategie existiert, kann den Konfliktparteien die nötige Motivation zum Verhandeln fehlen. Die Bergarbeiter von Caney Creek waren beispielsweise nicht gewillt, mit ihren Vorarbeitern über ihre Probleme zu sprechen, weil sie Vergeltungsmaßnahmen fürchteten. Auch dem Beschwerdeweg standen sie skeptisch gegenüber, weil die Ergebnisse sie in den seltensten Fällen – wenn überhaupt – zufriedengestellt hatten. Viele hatten überdies das Gefühl, daß sie keine Gelegenheit bekommen würden, sich zur Sache zu äußern. Auf der 3. Stufe und während des Schiedsverfahrens übernahm der Bergarbeiter nur die Rolle des Zuhörers, während Gewerkschafts- und Unternehmensvertreter technische Einzelheiten des Vertrages diskutierten, die nach Ansicht der Bergarbeiter mit dem eigentlichen Problem fast nichts mehr zu tun hatten. Entscheidungen, die häufig erst viele Monate nach Eingang der Beschwerde und manchmal in einer für die Bergarbeiter unverständlichen Sprache ergingen, wiesen die Beschwerden in den meisten Fällen ab. Jeder Bergarbeiter kann aber einen wilden Streik initiieren und sich so sofort Gehör verschaffen. Auf diese Weise verdeutlichte er, selbst wenn seine Beschwerde abgewiesen wurde, doch wenigstens seinen Standpunkt und verschaffte sich dadurch ein gewisses Maß an Genugtuung. Daher neigen die Bergarbeiter eher dazu, in Streik zu treten als den offiziellen Beschwerdeweg einzuschlagen.

Eine wichtige Aufgabe des Systemdesigners ist es also herauszufinden, welche Motive hinter den unterschiedlichen Verfahren stehen. Dies trägt dazu bei, die Hindernisse, die der Verhandlung im Wege stehen und die beseitigt werden sollen, aufzuzeigen. Eventuelle Vorteile der unterschiedlichen Verfahren müssen, wenn die Konfliktparteien weniger kostspielige Verfahren einsetzen sollen, aufeinander abgestimmt werden. Um die Zahl der Arbeitskämpfe in Caney Creek zu senken, wäre eine Alternative erforderlich, die es den Bergarbeitern ermöglicht, ihrem Ärger auf andere Weise Ausdruck zu verleihen und ihre Beschwerden mit ihren eigenen Worten vorzubringen. Um herauszufinden, warum die Parteien ein ganz bestimmtes Verfahren benutzen, sind folgende Fragen von Interesse:

- Wie zufrieden sind die Konfliktparteien mit den Ergebnissen der Verfahren?
- Geben die Verfahren den Beteiligten auch Gelegenheit, sich zur Sache zu äußern? Können die Konfliktparteien ihre Beschwerde vollständig und in ihren eigenen Worten an die Öffentlichkeit bringen? Üben die Parteien Kontrolle über die Verfahren aus? Nehmen die Konfliktparteien an der Gestaltung des Prozesses teil? Sind die Verfahren ihrer Meinung nach gerecht?
- Geben die Verfahren den Konfliktparteien die Möglichkeit, ihren Gefühlen wie Ärger und Enttäuschung Luft zu machen? Bereitet es den Parteien Spaß, sich zu streiten, d. h. streiten sie sich um des Streites willen? Eine Schülerin der Bryant High School erklärte: »Ich wollte mich einfach nur streiten. Wenn jemand etwas zu mir sagte, was mir nicht gefiel, hab' ich überhaupt nicht dran gedacht, drüber zu reden. Ich wollte nur streiten.«
- Wie hoch belaufen sich nach Einschätzung der Konfliktparteien die Kosten für die Verfahren (gemeint sind hier Zeit- und Geldaufwand)?
- Dienen die Verfahren nur den Konfliktparteien oder auch den Interessen anderer Parteien? Ein Arbeitskampf, der angeblich ausgerufen worden war, um einer Beschwerde Nachdruck zu verleihen, kann in Wirklichkeit das Ziel verfolgen, den Betrieb als gemeinsamen Feind hinzustellen und so die Gewerkschaft intern zu festigen. Umgekehrt können Streiks von Gewerkschaftsgegnern organisiert werden, um die Autorität der Funktionäre zu untergraben, die die Mitglieder aufgerufen haben, nicht zu streiken.
- Werden die Strategien von den Parteien zu anderen Zwecken als zur Beilegung eines bestimmten Konflikts benutzt? Ein Unternehmen kann eine Reihe von Prozessen führen, um einem anderen Unternehmen finanziell zu schaden; eine Gewerkschaft kann Beschwerde gegen den neuen Personalchef einlegen, um ihn bloßzustellen; eine Regierung verhandelt mit einer

anderen möglicherweise nur deshalb, weil sie die Öffentlichkeit beeindrucken, nicht aber den Konflikt beilegen will.

Die Motive zu kennen, die die Parteien veranlassen, kostspielige Verfahren zu benutzen, ist von entscheidender Bedeutung. Das bedeutet jedoch nicht, daß die Konfliktgegner sich immer erst nach vorsichtigem Abwägen der möglichen Kosten und des Nutzens für bestimmte Verfahren entscheiden. In vielen Fällen werden Verfahren aus bloßer Gewohnheit mit der Bemerkung »Das ist hier so üblich!« eingesetzt. Die Parteien werden aber nur dann mit teuren Gewohnheiten und Gebräuchen brechen, wenn man ihnen die Kosten und Nutzen der alten Verfahren im Vergleich zu alternativen Verfahren vorrechnet.

Mangelnde Fertigkeiten

In der Bryant High School standen der problemlösenden Verhandlung unter anderem die mangelnden Fertigkeiten und Fähigkeiten der Konfliktparteien im Weg. Das galt in gleichem Maße auch für die Parteien in Caney Creek, denn auch hier bewiesen die führenden Vertreter der Betriebsleitung und der Gewerkschaft unserer Meinung nach mangelnde Fähigkeiten zur Kommunikation und Verhandlung.

Selbst bei ausreichenden Fertigkeiten kann das fehlende Vertrauen der Streitparteien in ihre eigenen Fähigkeiten sie davon abhalten, auf Interessen basierende Strategien zu benutzen. Ein Systemdesigner, der mit einer Lehrergewerkschaft und mehreren Schulräten zusammenarbeitet, berichtete uns folgendes:

Ich war überrascht, als ich herausfand, daß Vertreter von Gewerkschaft und Betriebsleitung nicht gewillt waren, bei Beschwerden ein Schlichtungsverfahren zu benutzen, obgleich sie bereits früher bei Vertragsverhandlungen Schlichtungsverfahren in Anspruch genommen hatten. Nach informellen Gesprächen bin ich dann zu dem Schluß gekommen, daß sie fürchteten, ihre Fähigkeiten könnten dafür nicht ausreichen. Ihrer Ansicht nach war das Schlichtungsverfahren bei Vertragsverhandlungen ziemlich einfach, da sie ja nur mehrere Punkte durchsprechen mußten, von denen sie dann einige austauschen und andere aufgeben konnten. Bei der Schlichtung von Beschwerden fühlten sie sich unsicher, weil sie nicht einschätzen konnten, was passieren würde. Für sie bestand eine Beschwerde nur aus einem einzigen Punkt, der schwierig zu verhandeln war.

Sachkenntnis und Fähigkeit zur Konfliktbewältigung helfen zu bestimmen, ob Aus- bzw. Fortbildungsmaßnahmen für die Parteien von Vorteil wären. Zu den Fragen, die der Systemdesigner stellen könnte, gehören:

- Wissen die Personen, welche Strategien wann zur Verfügung stehen? Können sie beurteilen, welche Erwartungen diese Strategien an sie stellen? Können sie die Strategien so anwenden, daß sie zu einer zufriedenstellenden Lösung gelangen?
- Sind die Parteien und ihre Vertreter mit der problemlösenden Verhandlung vertraut? Wie gut können sie einander zuhören, die Interessen sondieren und nach kreativen Lösungen suchen?
- Sind die Konfliktparteien und ihre Vertreter erfahren mit der Präsentation vor einem Schiedsgericht? Führen sie geeignete Argumente an? Bringen sie ihre Beweise wirkungsvoll vor?

Besonders bei Schlüsselpersonen, deren Verhalten häufig zu Konflikten führt, ist die Beurteilung ihrer Befähigung nützlich. In solchen Fällen stellt sich daher immer wieder die Frage, ob diese Personen geschult oder ersetzt werden sollen. Und genau vor diesem Problem standen wir in Caney Creek: Sollten wir den Vorarbeiter des Bergwerks und den örtlichen Gewerkschaftspräsidenten, die direkt für das Schlichtungsverfahren verantwortlich waren, schulen oder austauschen? Keiner von beiden war für diese Zwecke besonders ausgebildet, und so eskalierten unbedeutende Streitigkeiten häufig in hitzige Diskussionen. Wir wußten, daß die Ursache dafür zum Teil schon in der jeweiligen Position begründet lag. Wir erfuhren jedoch darüber hinaus, daß das Ausmaß des Konflikts zwischen Bergwerksleitung und den örtlichen Gewerkschaftsfunktionären ungewöhnlich war und daß die Ursache für ihre persönliche Feindseligkeit viele Jahre zurücklag und auf Ereignisse zurückzuführen war, die sich außerhalb des Bergwerks zugetragen hatten. Wir kamen zu der Überzeugung, daß eine Schulung sie wahrscheinlich nicht dazu veranlaßt hätte, problemlösende Verhandlungen verstärkt einzusetzen; einer von ihnen (oder beide) mußte ersetzt werden.

Fehlende Mittel

Selbst wenn interessenorientierte Verhandlungsstrategien zur Verfügung stehen, kann ihre Anwendung durch Mangel an Fachleuten, Informationen oder Institutionen, die diese Strategien wirkungsvoll zum Einsatz bringen würden, gehemmt werden.

Oftmals fehlen Fachleute, die die Parteien bei der Lösung ihrer Konflikte unterstützen. In Caney Creek gab es zum Beispiel niemanden in der Betriebsleitung, der sich in erster Linie mit Personalpolitik befaßte. Für Beschwerden war ein Vorarbeiter des Bergwerks zuständig, dessen Hauptaufgabe die Überwachung der Arbeiten war und der weder die Zeit noch die Ausbildung, noch den Wunsch hatte, einen problemlösenden Ansatz anzuwenden. In anderen Organisationen oder Beziehungen mangelt es wiederum an neutralen Parteien, z. B. an Schlichtern und Schiedsrichtern oder an Personen, die die Befolgung der Gerichtsurteile überwachen.

Auch Informationen sind wichtig. Informationen über die Regulierung früherer Ansprüche von Asbestose-Kranken haben die Bearbeitung neuer Fälle wesentlich vereinfacht. Schlichter internationaler Konflikte haben häufig keine Anlaufstelle, die sie um Rat bitten können, die ihre

Fertigkeiten fördern, detaillierte Informationen zu dem betreffenden Konflikt geben oder die sie um personelle Unterstützung bitten können. Es steht kein internationaler Schlichtungsservice zur Verfügung, der sie unterstützt (Ury 1987).

Fragen Sie zu Ihrer Orientierung:

- Gibt es Personen, die die Streitparteien um Hilfe bitten können – Personen, die sie vertreten, ihnen Rat geben oder ihnen als Schlichter bzw. Schiedsrichter dienen können?
- Wie geschickt sind diese Vertreter, Schlichter oder Schiedsrichter? Werden die neutralen Parteien für gerecht und unparteiisch gehalten?
- Behindern mangelnde Normen, Präzedenzfälle, Gesetze und andere Regeln oder mangelnde technische Informationen zu dem Problem die Verhandlungen?
- Müssen die Strategien von einer Person oder einer Institution überwacht werden? Ist eine Institution notwendig, um ständig Fachleute und Informationen zu liefern?
- Ist die Ursache für den Mangel an Menschen, Informationen oder Institutionen auf unzureichende Geldmittel zurückzuführen?

Hindernisse in der Organisation und im Umfeld

Eine Systemdesignerin entdeckte, während sie an einem Konfliktlösungssystem für ein großes High-Tech-Unternehmen arbeitete, daß Konflikte dort beharrlich vermieden wurden. Die Manager schoben Auseinandersetzungen über Haushaltsfragen und Projektleitung so lange hinaus, bis daraus große Krisen entstanden, über deren Ausgang schließlich der Präsident des Unternehmens entschied. Immer mehr frustrierte Manager verließen das Unternehmen. Das angewandte Konfliktlösungsmodell forderte einen hohen Tribut an Leistung und Moral.

Die Systemdesignerin fand zwei Hindernisse heraus,

die einer wirksamen Konfliktlösung im Wege standen. Das erste Hindernis stellte der zentralistisch gelenkte Entscheidungsprozeß dar. Neue Manager erkannten sehr bald, daß der Präsident sich die endgültige Entscheidung aller Fragen vorbehielt und daß sie nicht für das Aushandeln von Lösungen, sondern für die Erfüllung seiner Wünsche gelobt wurden. Als zweites Hindernis erwiesen sich die Überzeugungen und Gewohnheiten der höheren Führungskräfte einschließlich der des Präsidenten. Sie waren bestrebt, den Schein von Harmonie zu wahren, Konfrontationen zu vermeiden und sich der Autorität des Präsidenten zu beugen.

Wie das Beispiel veranschaulicht, deckt eine Untersuchung der angewandten Konfliktstrategien zum einen die Methoden auf, die die Organisation und ihr Umfeld anbieten, und fördert zum anderen ein bevorzugtes Modell zur Konfliktlösung. Gelegentlich leistet die Untersuchung praktische Anregungen zu organisatorischen Verfahrensweisen. Ferner stellt die Untersuchung, und das ist vielleicht ihr wichtigster Zweck, die Hindernisse heraus, die bestimmte Verfahren undurchführbar machen. Die Systemdesignerin kam beispielsweise zu dem Schluß, daß sie, um bedeutende Veränderungen vornehmen zu können, den Präsidenten des Unternehmens miteinbeziehen und die Normen, die der Konfliktlösung im Wege standen, bewußt machen mußte.

Der Systemdesigner könnte fragen:

- Inwiefern werden angewandte Verfahren von den Entscheidungsprozessen der Organisation beeinflußt? Inwieweit werden die Strategien zentralistisch gelenkt? In dem oben erwähnten Beispiel verhinderte das zentralistisch gelenkte Entscheidungsverfahren jegliche Verhandlung auf unterer Ebene.
- Welchen Einfluß hat formelles und informelles Lob auf die angewandten Verfahren? Welche Umgangsweisen mit Konflikten werden von Vorgesetzten, welche von gleichgestellten Kollegen gelobt? In dem oben be-

schriebenen Unternehmen lobten Vorgesetzte und gleichgestellte Kollegen jene Manager, die offenen Diskussionen aus dem Wege gingen und die Konfliktbewältigung dem Präsidenten überließen.

- Welchen Einfluß haben Personalwahl und Schulung auf das Konfliktlösungssystem? In Caney Creek beispielsweise wurden Manager für problemlösende Verhandlungen weder ausgewählt noch geschult.
- Welchen Einfluß haben Sitten und Gebräuche auf die Verfahren? Im Kohlebergbau hat der Arbeitskampf z. B. eine lange, stolze Tradition und wird durch die Solidarität der Gewerkschaftsmitglieder aufrechterhalten.

Die Untersuchung der Konfliktstrategien in neuen Beziehungen

Wird für eine neue Organisation oder Beziehung ein System entwickelt, z. B. wenn Rechtsanwälte vertraglich festlegen, wie Streitigkeiten zukünftig beigelegt werden sollen, dann erscheint es wiederum als sinnvoll, die »Frageworte« welche, wie und warum zu benutzen. Hier will man nicht frühere und gegenwärtige Ansätze der Konfliktlösung untersuchen, sondern vorhersehen, wie zukünftige Konflikte ohne die Entwicklung eines Konfliktlösungssystems gehandhabt würden. Wichtig ist hierbei die richtige Auswertung der Erfahrungen, die in ähnlichen Organisationen und Beziehungen gemacht worden sind.

Nehmen wir zum Beispiel an, daß eine neue Gesundheitsorganisation gegründet wurde. Die für die Kundenbetreuung verantwortliche Leiterin muß nun ein System entwickeln, das mögliche Konflikte zwischen Mitgliedern und der Organisation beilegen kann. Sie sollte sich zunächst fragen, *welche* Konflikttypen und wieviele Konflikte zu erwarten sind und welche Erfahrungen bereits bestehende Organisationen gemacht haben. Ist ein Gesetz geplant, das sowohl die Zahl der auftretenden Konflikte als auch den Konflikttyp beeinflussen könnte? *Wie* wurde mit derartigen Konflikten umgegangen: Welche Verfahren haben die bereits bestehenden Organisationen eingeführt und welche Kosten und welcher Nutzen resultierte daraus? Inwieweit benutzen Mitglieder anderer Gesundheitsorganisationen alternative Methoden, z. B. Kapitulation, Gerichtsverfahren oder dritte Parteien? Die Systemdesignerin sollte sich auch dem *»Warum«* widmen: Welche Motive, welche Fertigkeiten und welche Mittel werden die Parteien bei der Wahl ihrer Verfahren am ehesten beeinflussen? Wie groß wird der Einfluß der Organisation, der Beziehung oder des Umfelds sein, in die der Konflikt eingebettet ist? Wenn Angestellte der Organisation beispielsweise gelobt werden, weil sie sich strikt an die Vorschriften halten, dann kann dies durchaus einem kreativen und auf Interessenausgleich gerichteten Ansatz im Wege stehen. Eine gründliche Untersuchung ist also bei der Entwicklung eines Konfliktlösungssystems für eine neue Beziehung oder Organisation genauso wichtig wie bei der Verbesserung eines bereits bestehenden Systems.

Zu welchen Ergebnissen kommt die Untersuchung?

Die Untersuchung stellt zunächst fest, *welche* Konflikttypen wie häufig und zwischen welchen Akteuren aufkommen können. Ferner stellt sie heraus, *wie* mit Konflikten umgegangen wird. Darüber hinaus vermittelt sie dem Designer auch eine gewisse Vorstellung über das Ausmaß der laufenden Konfliktkosten, die er mit den finanziellen Auswirkungen, die ein Strategiewechsel zur Folge haben könnte, vergleichen wird. Von besonderem Interesse ist außerdem die Beantwortung der Frage, *warum* nur ganz bestimmte Verfahren eingesetzt werden. In der Untersuchung ergründet man auch den Nutzen und die Motive, die die angewandten Verfahren beeinflussen und die den auf Interessen basierenden Verfahren entsprechen müssen. Man stellt fest, ob die beteiligten Personen gefördert, geschult oder in bestimmten Fällen ausgewechselt werden müssen. Und man überprüft die Mittel (Fachleute, Informationen und Institutionen), die die Konfliktparteien unterstützen, und legt fest, ob die Hilfsmittel ergänzt werden sollten.

Aufgrund dieser Informationen können Sie nun damit beginnen, ein neues und effektives System zu entwickeln. Damit befassen wir uns eingehender im nächsten Kapitel.

3. Kapitel

Ein effektives Konfliktlösungssystem entwickeln

Zwei Ölfirmen, die sich zu einem Joint Venture zusammenschließen wollen, vereinbaren im Vorfeld ein Konfliktlösungssystem. In einem gemeinsamen Ausschuß sollen auftretende Streitigkeiten frühzeitig beigelegt werden. Wird keine Einigung erzielt, so wird der Streitfall jeweils einem Manager jeder Firma übergeben, der nicht an der Vorbereitung des Joint Venture beteiligt war. Diese beiden Manager sollen sich eingehend mit dem Problem befassen und in Rücksprache mit den Ölfirmen eine Vereinbarung aushandeln. Sie sind also sowohl Schlichter als auch Unterhändler. Können »die beiden Weisen« keine Übereinkunft erzielen, kommt der Streitfall vor ein Schiedsgericht. Die Anrufung eines Staatsgerichtes wird vermieden.

Bei einer überregionalen Feuerwehrgewerkschaft und einem Zusammenschluß großer und mittlerer Städte eines Bundesstaates macht sich Unmut über Verzögerungen, unzulängliche Ergebnisse und belastete Beziehungen breit. Diese sind das Ergebnis eines Schiedsverfahrens, das ihnen vom Staat aufgezwungen wurde, um die tarifvertragliche Auseinandersetzung zu beenden. Daher konsultieren die Betroffenen einen Systemdesigner, der die Bildung eines gemeinsamen Ausschusses von Vertretern der Gewerkschaft und der Betriebsleitung vorschlägt. Beide Gruppen akzeptieren den Vorschlag und tragen erfolgreich dazu bei, daß das Schlichtungsverfahren Eingang in das Gesetzbuch des Bundesstaates findet. Bei Streitigkeiten, die auf diese Weise nicht beigelegt werden können, werden zwar auch weiterhin Gerichte angerufen, bevorzugte Anwendung finden jedoch Schlichtungsverfahren.

In der katholischen Erzdiözese von Chicago entwickelte die Schulverwaltung zur Beilegung der Konflikte, die aufgrund von Lehrerentlassungen und Schulverweisen von Schülern aufgekommen waren, ein mehrstufiges Konfliktlösungsmodell, das alle Beteiligten an den Verhandlungstisch brachte. Das Modell sah die Unterstützung durch einen Ausschuß für Konfliktmanagement vor, bestehend aus Lehrern, Eltern und Schuldirektoren anderer Schulen, sowie die Dienste eines ausgebildeten Schlichters.

In jedem der genannten Fälle ist das Konfliktlösungssystem darauf ausgerichtet, die Kosten des Streitfalls zu senken und zufriedenstellende und dauerhafte Lösungen zu finden. Dieses Kapitel behandelt die Frage, wie man ein solches System entwickelt und wie man ausgehend von der Untersuchung des bestehenden Systems (vgl. 2. Kapitel) ein auf Interessenausgleich zielendes System entwirft. Folgende sechs Grundregeln sind für die Entwicklung von Konfliktlösungssystemen wichtig:

1. Richten Sie das Augenmerk auf die Interessen der Konfliktparteien.
2. Bauen Sie »Loop-backs« an den Verhandlungstisch ein.
3. Sorgen Sie für kostengünstige Maßnahmen zur Unterstützung der Rechts- bzw. Machtpositionen.
4. Bauen Sie Beratungen vorher, Feedbacks nachher ein.
5. Ordnen Sie die Strategien in der Reihenfolge niedrige Kosten – hohe Kosten an.
6. Achten Sie auf die nötige Motivation, ausreichende Fertigkeiten und Mittel.

1. Regel: Heben Sie die Interessen der Konfliktparteien hervor

Die erste Regel, Thema des 1. Kapitels, ist zugleich die wichtigste. Treffen (oder verstärken) Sie geeignete Maßnahmen für einen Interessenausgleich. Das Modell eines

Konfliktlösungssystems (vgl. 2. Kapitel) schlägt vier zusätzliche Schritte vor: Verfahren entwickeln, Motivation fördern, Fertigkeiten verbessern und Mittel bereitstellen.

Verfahren entwickeln

Es gibt unterschiedliche Verfahren, um die jeweiligen Interessen herauszustellen.

So früh wie möglich verhandeln. Bei International Harvester schoß die Anzahl der Beschwerden und Schiedsverfahren in den 50er und 60er Jahren beachtlich in die Höhe. Um dieser Entwicklung zu begegnen, führten Geschäftsleitung und Gewerkschaft eine neue Strategie ein: die mündliche Konfliktbewältigung auf unterster Ebene. Legte ein Arbeitnehmer eine Beschwerde ein, wurde versucht, das Problem noch am selben Tag vor Ort zu lösen. Dies konnte auch bedeuten, daß höhere Führungskräfte und Gewerkschaftsfunktionäre das Gespräch in den Werkshallen mit den Arbeitnehmern suchten. Der für die Personalpolitik zuständige Manager sagte dazu: »Wir wollen in unserem Betrieb keine schriftlichen Beschwerden, wir wollen zu den Leuten gehen; wir wollen nicht wie in der Vergangenheit Prozesse führen, sondern Probleme lösen.« Die Ergebnisse waren beeindruckend. Gewerkschaftsfunktionäre und Manager verbrachten nicht mehr, sondern weniger Zeit mit der Bewältigung von Konflikten. Das Beispiel von International Harvester zeigt, daß problemlösende Verhandlungen so früh wie möglich eingeleitet werden sollten.

In einer Studie über wilde Streiks (s. 5. Kapitel) fanden Brett und Goldberg heraus, daß die Leiter von Bergwerken mit niedriger Streikrate weitaus mehr Zeit unter Tage verbrachten und sich die Klagen und Anregungen der Bergarbeiter anhörten als Leiter von Bergwerken mit hoher Streikrate. Wir können daraus folgende Lehren ziehen: Führungskräfte, die direkt intervenieren, können Probleme auf der Grundlage des Interessenausgleichs lösen, bevor diese in einen Streik oder Rechtsstreit eskalieren. Zuhören und die Berechtigung der Beschwerde anerkennen können einen Konflikt entschärfen, selbst wenn am Ende wenig getan werden kann, um den Mißstand zu beseitigen.

Eine Verhandlungsstrategie einführen. Eine verbindliche Verhandlungsstrategie wird zunehmend nützlicher, je größer die Zahl der an einem Konflikt beteiligten Parteien, je komplexer die Streitgegenstände und je umfangreicher und bürokratischer die Parteien sind. Die Strategie bestimmt beispielsweise die an einer Verhandlung teilnehmenden Personen, den Zeitpunkt für den Beginn und das Ende der Verhandlungen sowie die zu ergreifenden Maßnahmen für den Fall, daß die Verhandlungen fehlschlagen. Verhandlungen dieser Art sind in vielen Bereichen – von Tarifverhandlungen zwischen Gewerkschaft und Geschäftsführung bis hin zu Verhandlungen der Bundesstaaten über Umwelt- und Sicherheitsbestimmungen – zu finden.

Ein Beispiel stellen die obligatorischen Verhandlungen über den Standort von Sondermülldeponien dar. Die Standortwahl solcher Anlagen ist in vielen Staaten ein immer wiederkehrendes Problem und führt häufig zu umfassenden Gerichtsverfahren, Auseinandersetzungen innerhalb der Legislative und sogar zu Machtkämpfen. Als die Bewohner eines Ortes sich mit der Entscheidung der betreffenden Behörde konfrontiert sahen, unerwünschte Mülldeponien in ihrer Gemeinde zu errichten, blockierten einige von ihnen aus Protest Autobahnen und drohten, bereits bestehende Deponien in die Luft zu sprengen. Die ständige Auseinandersetzung um dieses Problem veranlaßte einen Bundesstaat, Verhandlungen zwischen Gemeindevertretern und einem Städteplaner bei zukünftigen Projekten anzuordnen. Ziel der Verhandlungen ist es, die negativen Auswirkungen möglichst niedrig zu halten und die Gemeinde für mögliche Folgeschäden bzw. für das Restrisiko zu entschädigen. Führen interessenorientierte Verhandlungen zu keiner Einigung, kann der Staat ein Schiedsverfahren anordnen.

Bundesbehörden, die nach effektiven Methoden gesucht haben, Auseinandersetzungen über Verordnungen zu beenden, fanden einen anderen kreativen Lösungsweg, um Rechtsstreitigkeiten zu vermeiden und statt dessen Verhandlungen zu führen, die die Interessen aller Beteiligten berücksichtigen. Gewöhnlich veröffentlicht die betreffende Behörde einen Vorschlag, zu dem interessierte Parteien Stellung nehmen können. Erst danach publiziert die Behörde die endgültige Fassung. Es kommt jedoch häufig vor, daß mit der Verordnung unzufriedene Parteien eine Gerichtsentscheidung einklagen. Bemüht, die Zahl solcher Prozesse zu reduzieren, haben einige Bundesbehörden bei der Entstehung von Verordnungen einen neuen Verhandlungsweg entwickelt. An diesen Verhandlungen nehmen die Behörden und die betroffenen Parteien teil.

Gemeinsam sondieren die Parteien ihre Interessen und Meinungsverschiedenheiten, sammeln und analysieren die technischen Daten, schaffen Optionen, verhandeln und wählen jeweils entsprechend ihrer unterschiedlichen Prioritäten eine Option. Ist ein Konsens erzielt worden, wird der Vorschlag von der Behörde im *Federal Register* veröffentlicht. Erst danach beginnt das übliche Revisionsverfahren mit den Stellungnahmen der interessierten Parteien. Da die betroffenen Parteien dem Vorschlag bereits vor der Veröffentlichung zugestimmt haben, wird die Revision problemlos ablaufen. So läßt sich fast immer ein Prozeß vermeiden (Susskind/McMahon 1955:137).

Behörden, die diese Verfahrensweise benutzen, bieten normalerweise zur Unterstützung »Hilfsmittel« – vorwiegend dritte Parteien – an, die die Verhandlungen koordinieren und sich als Schlichter anbieten.

Mehrstufige Verhandlungen entwickeln. Bei mehrstufigen Strategien wird die Auseinandersetzung, die nicht auf einer Ebene der Organisation beigelegt werden konnte, auf der nächst höheren mit jeweils anderen Verhandlungspartnern fortgesetzt. Ein Beispiel ist der vertraglich festgelegte Beschwerdeweg in der Kohleindustrie: 1. Stufe: Verhandlungen zwischen Bergarbeiter und Vorarbeiter,

2. Stufe: Verhandlungen zwischen Bergarbeiterkomitee und Betriebsleitung, 3. Stufe: Verhandlungen zwischen regionalen Gewerkschaftsvertretern und höheren Führungskräften.

Mehrstufige Verhandlungen, die zwischen Arbeitnehmern und Unternehmensleitung üblich sind, werden in zunehmendem Maße auch von Parteien bei langfristigen Verträgen angewandt. Ein Anwalt, der sie häufig einsetzt, beschreibt die Verhandlungen wie folgt:

Kleinere Angestellte, z. B. Projektmanager von Organisationen, die täglich miteinander zu tun haben, versuchen einen Konflikt zu lösen. Gelingt ihnen das nicht, wird die Angelegenheit einem Vorgesetzten unterbreitet. Bleibt auch der Vorgesetzte erfolglos, dann wird der Streitfall einem Vizepräsidenten, seinem Vorgesetzten oder je nach Größe des Unternehmens dem Präsidenten vorgelegt. Folgende Faktoren sind hier bestimmend: 1. Ihr Vorgesetzter soll nicht wissen, daß es Ihnen nicht gelungen ist, das Problem zu lösen. 2. Diejenigen in höheren Positionen haben gewöhnlich einen besseren Überblick als diejenigen, die täglich in diesem Bereich tätig sind.

Ein anderes Beispiel für mehrstufige Verhandlungen ist der Einsatz von »weisen Beratern«, ein Verfahren, das in der Ölindustrie angewandt wird und am Anfang dieses Kapitels bereits näher beschrieben wurde. Hier haben die beiden »weisen Berater«, höhere Führungskräfte aus jeder Firma, einen noch besseren Überblick, weil sie mit Sorgfalt und aufgrund ihrer Neutralität ausgewählt wurden. Die »weisen Berater« ähneln einem Schlichter am ehesten, ohne daß tatsächlich ein Schlichter hinzugezogen wird.

Der Systemdesigner muß beim Ausnutzen weiterer Verhandlungsstufen jedoch vorsichtig sein. In manchen Fällen wird die leichte Verfügbarkeit einer höheren Führungskraft die Beteiligten entmutigen, Vereinbarungen auf einer unteren Ebene zu treffen, und so werden Verhandlungen auf unterster Ebene zur Farce.

Die Motivation fördern

Auf Interessenausgleich zielende Verhandlungen sind in sich motivierend. Sie führen gewöhnlich zu zufriedenstellenderen Ergebnissen, bieten den Beteiligten eher Gelegenheit, sich zur Sache zu äußern, und vermitteln ihnen ein gewisses Gefühl der Kontrolle – und all dies verbunden mit geringeren Transaktionskosten als beispielsweise bei Gerichtsverfahren oder Machtkämpfen. Es tauchen aber häufig situationsspezifische Hindernisse auf, die die Parteien davon abhalten, interessenorientierte Verhandlungen zu führen. Diesen Hindernissen kann jedoch begegnet werden.

Viele Anlaufstellen schaffen. Ein Kläger, der eine Beschwerde vorbringen will, hat möglicherweise wenig oder kein Vertrauen zu der Person, bei der er seine Forderung geltend machen soll. Diese Gefahr läßt sich dadurch vermeiden, daß viele Anlaufstellen in das Konfliktlösungssystem integriert werden. Am Massachusetts Institute of Technology können Studenten ihre Beschwerden beispielsweise beim Dekan, beim Leiter des Fachbereichs oder bei einem Ombudsmann vorbringen. Bei IBM kann ein Angestellter sich mit seinem Problem an einen Manager, an dessen Vorgesetzten oder bei Personalfragen sogar an den Präsidenten des Unternehmens wenden.

Einen Unterhändler mit Vollmachten ausstatten. In Caney Creek warfen die Bergarbeiter häufig das Handtuch, und ihre Aggressionen stauten sich so lange an, bis sie sich schließlich in Streiks entluden. Bergarbeiter erzählten uns: »Es lohnt sich nicht, beim Vorarbeiter eine Beschwerde vorzubringen. Der hat ja sowieso keinerlei Entscheidungsbefugnis.« Dieses Problem läßt sich auf zwei verschiedene Arten lösen: Statten Sie den Vorarbeiter mit den nötigen Vollmachten aus oder geben Sie dem Arbeitnehmer Gelegenheit, seine Beschwerde jemandem vorzutragen, der diese Vollmachten hat. Der erste Vorschlag, die Dezentralisierung, ist nicht leicht durchführbar und kann unter Umständen bedeutende organisatorische

Veränderungen notwendig machen. Wir haben in Caney Creek die Dezentralisierung vorgeschlagen; dies wurde aber nicht aufgegriffen. International Harvester akzeptierte die zweite Möglichkeit: Personen, die mit den nötigen Vollmachten zur Entscheidung der Streitfrage versehen waren, sprachen vor Ort selbst mit den Arbeitnehmern.

Vergeltungsmaßnahmen unterbinden. Die Bergarbeiter in Caney Creek machten nur widerwillig von dem bestehenden Beschwerdeweg Gebrauch, weil dies im allgemeinen von den Vorarbeitern als feindlicher Akt gewertet wurde und viele Bergarbeiter Vergeltungsmaßnahmen fürchteten. Um diesen Befürchtungen entgegenzuwirken, rief die Betriebsleitung die Bergarbeiter auf, ihre Beschwerden vorzubringen, und drohte gleichzeitig öffentlich jedem Vorarbeiter mit Entlassung, sollte er Vergeltungsmaßnahmen gegen Bergarbeiter richten, die eine Beschwerde eingereicht hatten.

Begegnung ermöglichen. Manchmal zögern Konfliktparteien, Verhandlungen vorzuschlagen, aus Angst, dies könne ihnen als Zeichen von Schwäche ausgelegt werden. Gelöst wird dieses Problem, indem man Verhandlungen zur Pflicht macht. Richter tun dies, indem sie eine Unterredung anberaumen, die zu einer außergerichtlichen Einigung führen soll. Die Parteien können sich aber auch ohne solch eine Unterredung in einer entspannten Atmosphäre treffen. So dient z. B. die UNO Nationen und Gruppierungen als Gesprächsforum für den Fall, daß ein offizielles Treffen zu riskant wäre. Der Vorraum im Senat der Vereinigten Staaten erfüllt einen ähnlichen Zweck, denn er bietet den Senatoren die Möglichkeit, auf informeller Basis und von außen abgeschirmt Meinungsverschiedenheiten beizulegen. Der Systemdesigner kann Gelegenheit zu solch informellen Kontakten bieten, indem er zum Beispiel höhere Führungskräfte dazu ermutigt, in regelmäßigen Abständen Betriebsfeste zu arrangieren, durch den Betrieb zu gehen oder Treffen zu organisieren, die sich mit Themen von beiderseitigem Interesse befassen.

Für Fertigkeiten und Hilfsmittel sorgen

Neben der Stärkung der Motivation von Parteien, überhaupt Verhandlungen durchzuführen, kann der Systemdesigner zur problemlösenden Verhandlung ermutigen, indem er für ständige Aus- und Fortbildung in Verhandlungsführung sorgt. Zu Beginn kann die Fortbildung durch den Systemdesigner, später durch Personalchefs oder gewählte Gewerkschaftsvertreter erfolgen. Mit dieser Thematik befaßt sich das 4. Kapitel eingehender.

Personen nennen, die man um Hilfe bitten kann. Der Systemdesigner kann ferner dafür Sorge tragen, daß Personen zur Verfügung stehen, die den Konfliktparteien beistehen, sich ihre Probleme anhören, sie vertreten und den Entwicklungsprozeß überwachen. So verfügt IBM zum Beispiel über ein firmeninternes Managerprogramm, wo ein höherer Angestellter für bestimmte Arbeitnehmer verantwortlich ist, sich ihre Probleme anhört und mit ihnen bespricht, welche Maßnahmen zur Bewältigung ergriffen werden können.

Eine Variante dieser Idee ist der Ombudsmann. Der Ombudsmann, ursprünglich eine skandinavische »Einrichtung«, soll die Rechte der Bürger gegenüber den Behörden wahrnehmen. In den Vereinigten Staaten befaßt er sich in erster Linie mit Beschwerden in Institutionen wie Stadtverwaltungen, Krankenhäusern, Gefängnissen und Universitäten. Der Ombudsmann, der keine Entscheidungsbefugnis hat, hört sich Beschwerden an, leitet sie an die entsprechenden Personen weiter und sorgt dafür, daß die Angelegenheit schnell bearbeitet wird. Häufig wird das Problem bereits dadurch gelöst, daß er einfach nur zuhört oder objektiv informiert. So gibt er beispielsweise bei Lohnforderungen Auskunft über den Durchschnittslohn.

Wenn Konfliktparteien nicht imstande sind, die nötigen Verhandlungstechniken zu erwerben, wenn der Verhandlungsgegenstand in keiner Weise die Kosten der Schulung rechtfertigt oder wenn zu viele Gefühle im Spiel sind, dann sollte der Systemdesigner die Streitparteien durch fremde Personen vertreten lassen. Bei informellen Verhandlungen könnte ein Kollege diese Vertretung übernehmen, im eher formellen Rahmen ein Rechtsanwalt.

Je größer die Zahl der Konfliktparteien, desto größer die Notwendigkeit, Personen einzusetzen, die den Konfliktlösungsprozeß überwachen. Bei den Gesprächen über neue Verordnungen stellen die amerikanischen Bundesbehörden im allgemeinen Hilfskräfte zur Verfügung, die alle Parteien an den Verhandlungstisch holen und die Verhandlungen begleiten. Je komplexer die Streitfragen, desto mehr technische Hilfe benötigen besonders diejenigen, denen das technische Wissen oder die Mittel fehlen, um dieses Wissen zu erwerben.

Das Schlichtungsverfahren

Der Schlichter, der den Konfliktparteien hilft, Vereinbarungen zu erzielen, verdient besondere Aufmerksamkeit. Schlichtung läßt sich definieren als Beilegung eines Streits durch Vermittlung eines Dritten. Häufig stehen den Verhandlungen Hindernisse im Wege, die der Schlichter beseitigen kann. Er legt den Parteien nahe, auf Beschimpfungen zu verzichten, und ermutigt sie darin, ihre Gefühle auszudrücken, aber auch den Standpunkt des anderen zu akzeptieren. Er hilft den Parteien, festgefahrene Verhandlungen wieder in Gang zu bringen, hält sie dazu an, die Interessen herauszustellen und kreative Lösungen zu suchen, die eben diese Interessen befriedigen. In Situationen, in denen jede Seite nur widerwillig bereit ist, Kompromisse vorzuschlagen, weil sie fürchtet, dies könnte ihr als Schwäche ausgelegt werden, unterbreitet der Schlichter selbst Vorschläge. Auf diese Weise lenken Schlichter die Konzentration auf die beiderseitigen Interessen. Das Schlichtungsverfahren kann so als Sicherheitsnetz dienen und verhindern, daß ein Streitfall in einen Rechtsstreit oder Machtkampf eskaliert.

Schlichtungsverfahren kommen besonders zwischen

den Sozialpartnern zur Anwendung, und zwar nicht nur beim Aushandeln von Verträgen, sondern auch in zunehmendem Maße bei Beschwerden. Schlichtungsverfahren, die sich mit Umwelt- und Gemeindefragen befassen, werden immer gebräuchlicher. Auch bei vielen anderen Konflikttypen, von Familienstreitigkeiten über Geschäftsprobleme bis hin zu internationalen Konflikten, kommen sie mehr und mehr zum Einsatz.

Schlichtung durch Kollegen versus Schlichtung durch Experten. Schlichtungsverfahren gibt es in vielen Varianten. Die Stellung des Schlichters, der Experte, Externer oder gleichgestellter Kollege der Streitparteien sein kann, ist wohl der entscheidendste Kostenfaktor. Es ist nicht nur kostengünstiger, gleichgestellte Kollegen als Schlichter einzusetzen (im Gegensatz zu Experten werden sie gewöhnlich nicht für ihre Vermittlerdienste bezahlt), sondern hat auch den Vorteil, daß jemand an Ort und Stelle ist, der bei drohender Eskalation informell eingreifen kann. In einer Grundschule in San Francisco werden Kinder beispielsweise ausgebildet, Streitigkeiten auf dem Schulhof zu schlichten.

Ein Krankenhaus in Texas benutzt z. B. ein Schlichtungsverfahren auf mehreren Ebenen. So hat ein Systemdesigner eine große Anzahl von leitenden Angestellten ausgebildet, um sicherzustellen, daß immer ein den Streitparteien nahestehender Angestellter zur Verfügung steht, um den Streit zu schlichten. Als Experten formeller Schlichtungsverfahren gelten Persönlichkeiten, die sich mit personellen und seelsorgerlichen Fragen befassen oder in Sozialämtern tätig sind. Der Systemdesigner hat aber auch für professionelle Schlichter gesorgt, an die die Parteien sich in besonders schwierigen Streitfällen wenden können. Für dieses Krankenhaus ergeben sich somit drei Schlichtungsebenen: informelle problemlösende Hilfe vor Ort durch leitende Angestellte, durch interne Experten und durch externe professionelle Schlichter.

Die Motivation verbessern. Die Einführung des Schlichtungsverfahrens allein reicht nicht aus. Die Streitparteien müssen dieses Verfahren auch benutzen wollen. Das Schlichtungsprogramm an der Bryant High School begann beispielsweise mit Seminaren zur Konfliktlösung in der Annahme, daß die Schüler, die mit dem Schlichtungsverfahren vertraut sind, auch ausreichend motiviert sein würden, es auszuprobieren. Streitparteien, die vor Gericht gehen wollen, werden von Gerichtsbeamten oder einem Richter ermutigt, Schlichtungsverfahren zu benutzen.

Das Schlichtungsverfahren kann durchaus auch Aggressionen abbauen. Besonders bei interpersonalen emotionsbeladenen Konflikten können Konfliktparteien ermutigt werden, ihre Probleme in Worte zu fassen und auch die der anderen Seite anzuerkennen. Eine Schülerin der Bryant High School, die an dem Schlichtungsprogramm der Schule teilgenommen hatte, berichtete:

Ich wollte immer nur streiten ... Ich habe als Streitpartei an einer Schlichtungskonferenz teilgenommen, bei der mir vier Mädchen gegenübersaßen. Ich hab' gedacht: »Wer braucht das alles? Was mach ich denn hier?« Ich wollte diese Mädchen einfach nur rausprügeln. Ich hab' gedacht, daß die Schlichterin mir schon sagen wird, was ich zu tun hab'. Hat sie aber nicht. Statt dessen hat sie mich in ein Gespräch verwickelt und mir zugehört. Es war ein tolles Gefühl, alles rauszulassen. Danach war ich überhaupt nicht mehr wütend. Ich hab' gedacht: »Mensch, wenn mir das hilft, dann will ich wissen, wie man das macht.« Die Atmosphäre um mich herum hat sich nach meiner Ausbildung verändert (Davis 1986:289).

Die Fertigkeiten verbessern. Schlichter brauchen im allgemeinen eine Ausbildung. Den Seminaren an der Bryant High School folgte ein intensives Ausbildungsprogramm. Es bestand aus Vorträgen, Diskussionsrunden und nachgestellten Schlichtungsverfahren, in denen die Auszubildenden sowohl die Rolle des Schlichters als auch die einer Streitpartei übernahmen. Der Systemdesigner setzt diese nachgestellten Schlichtungsverfahren ein, um sowohl die Parteien als auch potentielle Schlichter mit dem Verfahren vertraut zu machen. Auf diese Weise finden die Streitparteien und Schlichter nicht nur heraus, welche

Anforderungen an sie gestellt werden, sondern auch, daß Menschen wie sie das Verfahren benutzen, um zu einer Übereinkunft zu gelangen. Das Schlichtungsprogramm sorgt somit nicht nur für die Ausbildung von Schlichtern, sondern bildet auch die an den Schlichtungsverfahren teilnehmenden Vertreter der Gewerkschaft und der Geschäftsführung aus.

Die Hilfsmittel bereitstellen. Schlichtungsprogramme benötigen Institutionen, die die Schlichter auswählen, ausbilden, einsetzen und beurteilen. Rechtsberatungszentren werden eingerichtet, um diese Funktionen bei Streitigkeiten innerhalb einer Gemeinde zu erfüllen. Wir haben das »Mediation Research and Education Project« eingeführt, um die bei Beschwerden angewandten Schlichtungsverfahren überwachen zu können. Institutionen dieser Art können die Schlichter bei ihrer Arbeit unterstützen, indem sie ihnen Feedback geben oder Refresher-Kurse anbieten. Sie sorgen für Kontinuität, wenn die Schlichter ausscheiden, werten die Ergebnisse des Programms aus und können Änderungen im Schlichtungsverfahren vornehmen. Und schließlich können sie auch helfen, das Programm innerhalb einer Organisation oder größeren Gemeinde bekannt zu machen.

Die Risiken des Schlichtungsverfahrens. Wenn der Systemdesigner sein Schlichtungsverfahren vorstellt, wird er auf mögliche, unbeabsichtigte Folgen achten. Er sollte sich fragen, ob eine Gruppe, die besonders empfindlich auf Rechtsverletzungen reagiert, Rechte einbüßen oder verlieren wird. Ein Unternehmen, das ein öffentlich subventioniertes Wohngebäude für die untere Einkommensklasse unterhält, könnte z. B. ein Schlichtungsverfahren bevorzugen, das sich mit den Problemen der Mieter befaßt. Dieses Verfahren wird die Probleme auf andere Weise lösen als durch Gerichtsverfahren. Bei einer Mieterin, die sich über Ratten in ihrer Wohnung beklagt, könnte das Ergebnis der Schlichtung so aussehen, daß der Vermieter Rattenfallen aufstellt, anstatt, wie es das Gericht nach den Gesundheitsbestimmungen fordern würde, ein umfassendes Rattenvernichtungsprogramm durchzuführen. Trotz eventueller Rechtseinbußen könnte der Systemdesigner zu dem Schluß kommen, daß den Mietern wegen der im allgemeinen geringeren Transaktionskosten (für Mieter mit kleinem Einkommen besonders wichtig), wegen der potentiell zufriedenstellenderen Ergebnisse und wegen der geringeren Belastung der Mieter-Vermieter-Beziehung ein Schlichtungsversuch unternommen werden sollte. Um eventuelle Rechtseinbußen für die Mieter so gering wie möglich zu halten, kann der Systemdesigner zusätzlich Informationsveranstaltungen zum Mietrecht organisieren und Rechtsberatungsstellen einführen.

Das Schlichtungsverfahren verhindert auch eine Veränderung in der Machtverteilung. So kann die Einführung eines Schlichtungsprogramms, das einige Konflikte in einem nicht gewerkschaftlich organisierten Betrieb entschärft hat, Versuche, den Betrieb gewerkschaftlich zu organisieren, hemmen. Wenn Sie als Systemdesigner die Einführung neuer Verfahren in Erwägung ziehen, sollten Sie daher darauf achten, welche Auswirkungen diese auf das Machtverhältnis und die Rechtspositionen haben. Machen Sie die Parteien auf derartige Folgen aufmerksam, bevor diese entscheiden, ob sie das Verfahren unterstützen.

2. Regel: Bauen Sie »Loop-backs« am Verhandlungstisch ein

Auf Interessenausgleich zielende Verfahren werden Konflikte nicht immer lösen; ein Kampf um Rechts- bzw. Machtpositionen kann jedoch recht kostspielig sein. Der weise Systemdesigner wird daher Verfahren einbauen, die die Streitparteien ermutigen, von derartigen Machtkämpfen abzusehen und sich wieder an den Verhandlungstisch zu setzen. Wir bezeichnen dies als »Loop-back«-Verfahren. Es sollte dabei jedoch unterschieden werden, ob die Konfliktparteien von einer Auseinandersetzung um Rechts- oder um Machtpositionen an den Verhandlungstisch zurückkehren.

Loop-back von einer Auseinandersetzung um Rechtspositionen

Einige Loop-back-Verfahren liefern Informationen über die Rechtspositionen der Streitparteien und den wahrscheinlichen Ausgang eines Rechtsstreits. Die Konfliktparteien können diese Informationen dann für die Aushandlung einer Lösung benutzen. Auf diese Weise werden Rechtspositionen zu den geringst möglichen Kosten bestimmt, denn die Lösung beruht auf beiderseitiger Zustimmung – gewöhnlich mit dem Ergebnis, daß die Parteien zufriedener, die Beziehungen besser und die Vereinbarungen dauerhafter sind. Beispiele für solche Verfahren sind:

Informationsverfahren. In den vergangenen Jahren haben Klagen gegen Asbesthersteller die Gerichte überflutet. Erfinderische Systemdesigner, die als Vertreter der Gerichte tätig waren, haben eine Datenbank mit Informationen über Charakteristika und Ausgang der Streitfälle, die entweder gerichtlich oder außergerichtlich beigelegt worden waren, eingerichtet. Sobald eine neue Klage erhoben wird, benutzen die Systemdesigner die Datenbank, um Informationen über den Ausgang ähnlicher, aber bereits beigelegter Fälle zu erhalten und um die Grenzen abzustecken, innerhalb derer der neue Fall gelöst werden könnte. Diese Information gibt mehr Gewißheit über den möglichen Ausgang des Falls und gibt den Anwälten Gelegenheit, den Streitfall mit Hilfe unabhängiger Richtlinien beizulegen.

Für Verfahren dieser Art sind Menschen notwendig: Experten, die eine Datenbank und ein Programm entwickeln, um Informationen herauszufiltern; Experten, die die Anwälte mit den Methoden vertraut machen; Experten, die die Daten eingeben und die Analysen durchführen. Angestrebt wird langfristig so viel Selbständigkeit, daß die Hilfe der Experten überflüssig wird. Bei einem neuen Fall sollten die Gerichtsschreiber dann in der Lage sein, ein einfaches Computerprogramm zu bedienen und die Anwälte mit den nötigen Daten zu versorgen.

Das beratende Schiedsverfahren. Das beratende Schiedsverfahren ist eine weitere Möglichkeit, Informationen über Rechtspositionen zu liefern. Die Entscheidung des Schiedsrichters ist zwar unverbindlich, versorgt die Parteien aber mit Informationen über den wahrscheinlichen Ausgang des Streitfalls vor einem Schieds- oder Staatsgericht. Die Information über den wahrscheinlichen Ausgang soll den Parteien mehr Gewißheit über die Entscheidung eines Gerichts geben und sie zum Aushandeln einer Lösung ermutigen.

Die Transaktionskosten sind normalerweise auch hier geringer als bei verbindlichen Schieds- oder Gerichtsverfahren, da die Anhörung kurz ist und die Voraussagen mündlich erfolgen. Aus diesen Gründen erzwingen auch viele Gerichte in bestimmten Fällen beratende Schiedsverfahren und entscheiden nur die Fälle selbst, die nicht auf diese Weise beigelegt werden konnten.

Das von uns für die Kohleindustrie entworfene Verfahren (vgl. 7. Kapitel) verknüpft das Schlichtungsverfahren mit dem beratenden Schiedsverfahren. So können die Parteien, wenn das Schlichtungsverfahren keine Lösung herbeiführt, eine dritte Partei bitten, vorherzusagen, wie ein Schiedsrichter diesen Fall wohl entscheiden würde. Mit diesen Informationen ausgestattet, setzen die Parteien entweder ihre Verhandlungen fort oder aber akzeptieren das vorausgesagte Ergebnis.

Minigerichtsverfahren. Das Minigerichtsverfahren ist eine Variante des beratenden Schiedsverfahrens. Auch hier sollen die Parteien ermutigt werden, eine Übereinkunft zu erzielen. Im Laufe des Verfahrens liefern die Anwälte der Parteien, im Idealfall höhere, neutrale Führungskräfte ihrer Organisationen, Beweise und Argumente. Üblicherweise ist ein neutraler Berater, häufig ein ehemaliger Richter, ebenfalls anwesend. Nach Anhörung der Sachlage versuchen die Vertreter eine Lösung auszuhandeln. Falls Schwierigkeiten auftreten, bitten sie den neutralen Berater, den wahrscheinlichen Ausgang des Streitfalls vor einem Staatsgericht vorauszusagen.

Das Minigerichtsverfahren hat mehrere Vorteile. Das Verhandeln wird Personen überlassen, die emotional am Streitfall nicht beteiligt sind und den nötigen Überblick haben, um den Fall im Interesse der Organisation zu beurteilen. Das Minigerichtsverfahren informiert die Beteiligten über ihre Rechtspositionen und den wahrscheinlichen Ausgang eines Gerichtsverfahrens und hilft ihnen, eine Lösung zu finden. Ferner bietet es Anwälten Gelegenheit, sich mit dem Verfahren vertraut zu machen und auf diese Weise ihre eventuell negative Haltung gegenüber dem Verfahren abzubauen.

Daran angepaßt ist das einfache Schwurgerichtsverfahren, das Informationen über die wahrscheinliche Entscheidung der Geschworenen liefert. Die Anwälte geben den »Geschworenen«, die von den »normalen« Geschworenen ausgewählt wurden, eine kurze Zusammenfassung des Falls. Danach ziehen die »Geschworenen« sich zur Beratung zurück und fällen ein Urteil, im allgemeinen ohne zu wissen, daß sie nur eine beratende Funktion ausüben. Die Vertreter der Streitparteien benutzen dann wie beim Minigerichtsverfahren das erzielte Ergebnis, um eine Übereinkunft auszuhandeln.

Loop-back von einer Auseinandersetzung um Machtpositionen

Als Systemdesigner werden Sie auch Strategien einbauen, die die Streitparteien von einem Machtkampf abbringen und statt dessen zu Verhandlungen führen.

Abkühlungsphasen. Selten ist eine ausgehandelte Übereinkunft so attraktiv wie zu dem Zeitpunkt, an dem die Parteien vor einem kostspieligen Machtkampf stehen oder sich bereits in einem solchen befinden. Eine einfache Strategie, die sich diese Stimmung der Parteien zunutze macht, ist die Abkühlungsphase, während der die Streitparteien auf einen Machtkampf verzichten. Sowohl der Taft-Hartley Act als auch der Railway Labor Act sehen vor Beginn eines Arbeitskampfes, der einen nationalen Notstand verursachen könnte, eine Beruhigungsphase vor. Während dieser Zeit finden normalerweise, wenn auch nicht vorgeschrieben, Verhandlungen statt. Solche Phasen sind auch bei Streitigkeiten kleineren Ausmaßes nützlich. In dem Stück »Private Lives« von Noel Coward ist ein streitendes Paar darin übereingekommen, daß immer dann, wenn ein Streit außer Kontrolle zu geraten droht, einer der beiden »Solomon Isaacs« rufen solle, woraufhin das Gespräch für fünf Minuten unterbrochen wird und beide Seiten versuchen, sich zu beruhigen.

Krisenverhandlungen. In Caney Creek sind die Bergarbeiter häufig in Streik getreten, ohne ihre Beschwerden vorher mit der Betriebsleitung diskutiert zu haben. Wir schlugen zur Vermeidung dieser Streiks zwei zusätzliche Schritte vor: Zu Beginn eines Streiks sollen sich Gewerkschaftsfunktionäre mit Vertretern der Betriebsleitung treffen, um die Sorgen der Bergarbeiter zu erörtern. Danach sollen die Bergarbeiter die Antwort der Betriebsleitung diskutieren und darüber abstimmen.

Verhandlungen in Krisenzeiten stellen besondere Ansprüche an die Verhandlungspartner. Es könnte sich daher als nützlich erweisen, Kurse zu Krisenverhandlungen (Simulation, Checklisten, Standardvorgehen) anzubieten. Ferner könnte es hilfreich sein, einen Weg zu finden, um auch in Krisenzeiten miteinander zu kommunizieren. Bei Konflikten zwischen den Vereinigten Staaten und der Sowjetunion erfüllte der heiße Draht diesen Zweck. Ury arbeitete früher mit amerikanischen und sowjetischen Regierungsvertretern zusammen, um ein »Zentrum zur Reduzierung der Gefahr eines atomaren Zwischenfalls« einzurichten. Es handelte sich dabei um Krisenzentren in Washington und Moskau, die rund um die Uhr besetzt waren und als Kommunikationszentrum für Notfälle und Verhandlungen dienten. Sie waren darauf ausgerichtet, einen versehentlich ausgelösten Atomkrieg zu verhindern (Ury 1985). Eine Vereinbarung zur Errichtung eines solchen Zentrums wurde am 15. September 1987 erzielt.

Intervention durch Dritte. Kommt es während eines Arbeitskampfes oder Familienstreits zu Gewaltakten, dann greift die Polizei ein, um den Kampf zu beenden. In vielen Konfliktlösungssystemen ist daher eine Möglichkeit der Intervention eingebaut, da sich ein Eingreifen durch Dritte als nützlich erwiesen hat. Das Conflict Managers Program in Schulen in San Francisco ist beispielhaft: Dort werden Kinder darin ausgebildet, bei Streitigkeiten auf dem Schulhof vermittelnd einzugreifen. Die Kinder, an grell orangefarbenen T-Shirts mit der Aufschrift »Conflict Manager« zu erkennen, arbeiten zu zweit, um die während des Mittagessens und der Pause auftretenden Streitigkeiten frühzeitig zu erkennen und zu schlichten. Auf internationaler Ebene trennen die neutralen Friedenstruppen der Vereinten Nationen die feindlichen Gruppen, um Verhandlungen oder Schlichtungsverfahren zu ermöglichen. Derartige Bemühungen erfordern sowohl Schulung als auch Hilfsmittel (z. B. Verwalter und intervenierende dritte Parteien).

3. Regel: Sorgen Sie für kostengünstige Maßnahmen zur Bestimmung der Rechts- bzw. Machtpositionen

Wichtiger Bestandteil eines effektiven Konfliktlösungssystems sind kostengünstige Verfahren, die eine endgültige, auf Recht oder Macht basierende Lösung herbeiführen, wenn die auf Interessenausgleich basierende Verhandlung den Konflikt nicht beilegen kann.

Kostengünstige Verfahren zur Bestimmung von Rechtspositionen

Das traditionelle Schiedsverfahren. Weniger kostspielig als das Gerichtsverfahren ist der private Rechtsspruch – das Schiedsverfahren. Es ist wie das Gerichtsverfahren ein Rechtsverfahren, bei dem die Parteien (oder ihre Vertreter) einer neutralen dritten Partei, die eine verbindliche Entscheidung treffen soll, ihre Beweise und Argumente vorbringen. Schiedsverfahren sind häufig einfacher, schneller und weniger teuer als Gerichtsverfahren. Bestimmte formale Regeln müssen nicht beachtet, zeitliche Beschränkungen können vereinbart und Vorbehalte gegen Anwälte und teure Beweisführungsverfahren vorgebracht werden.

Schiedsverfahren werden schon seit langem bei einer Vielzahl von Auseinandersetzungen eingesetzt. Bereits 1988 sahen mehr als 95 % aller Tarifverträge eine schiedsgerichtliche Beilegung aller während der Laufzeit des Vertrages aufkommenden Streitigkeiten vor. Auch bei einigen internationalen Konflikten findet das Schiedsverfahren Anwendung. Faßt man den Begriff sehr weit, so finden Schiedsverfahren praktisch in jeder Organisation statt. Manager, die nicht einer Meinung sind, wenden sich an einen Vorgesetzten zur Entscheidungsfindung. Innerhalb der Familie lassen Kinder ihre Streitigkeiten häufig von den Eltern entscheiden.

Schiedsverfahren nehmen unterschiedliche Gestalt an. In Fällen, in denen der Streitwert gering ist oder ähnliche Konflikte regelmäßig ausbrechen, können die Parteien ein einfaches, beschleunigtes Schiedsverfahren wählen. Auch zwei andere Schiedsverfahren – das vermittelnde Schiedsverfahren und das Schiedsverfahren durch eine letzte Offerte – sind von Interesse, weil sie die Parteien ermutigen, an den Verhandlungstisch zurückzukehren.

Das vermittelnde Schiedsverfahren. Der Systemdesigner, der zwischen Schlichtung und Schiedsverfahren entscheiden muß, kann eine Mischform, das vermittelnde

Schiedsverfahren, vorschlagen, bei dem der Schlichter, sollte die Schlichtung fehlschlagen, als Schiedsrichter tätig wird. Das kombinierte Verfahren ist leistungsfähiger als das Schlichtungsverfahren, denn beim Scheitern muß keine weitere Person mit dem Streitfall vertraut gemacht werden. Von Vorteil ist auch, daß die Parteien von vornherein wissen, daß die neutrale Partei, wenn keine Vereinbarung zustande kommt, den Streitfall entscheiden wird. Deshalb werden sie dem Vorschlag des Schlichters mehr Aufmerksamkeit schenken. Anders als das traditionelle Schiedsverfahren ermutigt das kombinierte Verfahren die Parteien, eine Lösung auszuhandeln, anstatt sich einer Entscheidung des Schiedsrichters zu unterwerfen. Bei diesem Verfahren kann die dritte Partei durch einen Schiedsspruch nur jene Punkte schlichten, die die Parteien selbst nicht beilegen können. Damit begrenzt es nicht nur die Bestimmung von Rechtspositionen auf ein Minimum, sondern sorgt gleichzeitig für ein eingebautes »Loop-back« an dem Verhandlungstisch.

Das vermittelnde Schiedsverfahren hat allerdings auch mehrere Nachteile. Auch eine ausgehandelte Lösung kann von den Parteien als eine ihnen aufgezwungene Lösung empfunden werden. Das Ergebnis sind unzufriedene Parteien, die sich nicht an die Vereinbarung gebunden fühlen. Ferner können die Parteien, weil sie wissen, daß die neutrale Partei den Streitfall auch entscheiden kann, Informationen zurückhalten, die zwar für eine vermittelte Vereinbarung nützlich wären, ihnen aber bei einem Schiedsverfahren schaden würden. Oder sie liefern dem Schlichter Informationen, die dieser im Falle eines Schiedsspruchs nicht einbeziehen sollte. Es kann dem Schlichter jedoch schwerfallen, eben diese Informationen unberücksichtigt zu lassen, und noch schwieriger für den Verlierer sein zu glauben, daß von diesen Informationen wirklich kein Gebrauch gemacht wurde.

Schiedsverfahren durch eine letzte Offerte. In dem Schiedsverfahren durch eine letzte Offerte ist der Schiedsrichter nicht befugt, einen Kompromiß zwischen den Positionen der beiden Parteien zu finden. Er muß vielmehr eine ihrer letzten Offerten akzeptieren. Jede Partei muß also ihr jeweils letztes Angebot noch akzeptabler gestalten als das der anderen, in der Hoffnung, der Schiedsrichter werde ihre letzte Offerte zu seiner Entscheidungsgrundlage machen. Auf diese Weise nähern sich die Positionen der beiden Parteien so sehr einander an, daß sich die verbliebene Kluft durch Verhandlungen überwinden läßt. Dieses Verfahren ist besonders dann geeignet, wenn keine ausreichend definierten Rechtsnormen für einen Schiedsspruch zur Verfügung stehen und ein Kompromiß die wahrscheinliche Lösung ist. Das Verfahren wurde erfolgreich beim Aushandeln der Bezüge für die Baseball-Nationalmannschaft sowie bei den Tarifverhandlungen für den öffentlichen Dienst in den USA eingesetzt.

Für Motivation, Fertigkeiten und Mittel sorgen. Wie motiviert man Konfliktparteien bei Fehlschlägen der auf Interessenausgleich zielenden Verfahren, solche Schiedsverfahren zu benutzen? Der Hinweis auf die Nachteile von Gerichtsverfahren genügt nicht. Einige Parteien ziehen ein Gerichtsverfahren vor, weil sie dort gegen ungünstige Entscheidungen Berufung einlegen können. Das Schiedsverfahren zu einem beratenden Verfahren zu machen, wirkt sich dann beruhigend auf sie aus, wenn es für sie selbst nur beratende Funktion hat, für die andere Seite hingegen bindend ist. In ihrem Bestreben, unzufriedene Kunden zu bewegen, ihre Klagen von einem Schiedsgericht entscheiden zu lassen, sehen einige Schiedsprogramme vor, daß die Entscheidung des Schiedsrichters nur für das Unternehmen, nicht aber für den Kunden verbindlich ist.

Die Parteien können sich aber auch von vornherein dazu verpflichten, bei Konflikten ein Schiedsgericht anzurufen. Kommt es tatsächlich zu einem Konflikt, muß der Leiter seinen Mitarbeitern nur mitteilen, daß sie laut Kontrakt oder Staatsvertrag verpflichtet sind, den Streitfall einem Schiedsgericht zu übergeben.

Schlägt jeder andere Versuch der Einigung fehl, kann das Schiedsverfahren zur Pflicht gemacht werden. Wie bereits erwähnt, fordern einige Gerichte, daß ein Streitfall zuerst einem Schiedsgericht vorgelegt wird, bevor ein Staatsgericht angerufen werden kann. Können Auseinandersetzungen über den Standort von Sondermülldeponien nicht durch Verhandlungen beigelegt werden, so ist in den USA ein Schiedsverfahren gesetzlich vorgeschrieben.

Für all diese verschiedenen Schiedsverfahren werden Schiedsrichter benötigt. Als Systemdesigner sollten Sie den Parteien bei der Auswahl der Schiedsrichter behilflich sein, da diese unter Umständen noch weiter geschult werden müssen. Hier können spezielle Einrichtungen unterstützend wirken, indem sie Kurse anbieten und Schiedsrichter zur Verfügung stellen.

Kostengünstige Verfahren zur Bestimmung von Machtpositionen

Manchmal läßt sich auch mit auf Interessenausgleich oder auf Recht basierenden Verfahren keine Vereinbarung erzielen, weil eine Partei (oder beide) der Ansicht ist, sie sei die stärkere und könne durch einen Machtkampf ein für sie zufriedenstellenderes Ergebnis erzielen. Der vorausschauende Systemdesigner sollte daher ein kostengünstiges Verfahren zur Bestimmung von Machtpositionen in Erwägung ziehen, das alle anderen Verfahren unterstützt. Es wird jedoch möglicherweise schwierig sein, die Parteien zu diesem neuen Verfahren zu bewegen, da sich wahrscheinlich jede Partei einer neuen Strategie, die der anderen Seite Vorteile einzuräumen scheint, widersetzen wird. Auf Macht gestützte Verfahren können deshalb nur dann erfolgreich sein, wenn allen Beteiligten gleich hohe Kosten auferlegt werden. Es gibt eine Vielzahl solcher kostengünstiger Verfahren wie etwa eine Wahl, begrenzte Streiks oder Regeln der Vernunft.

Wahl. Bevor der National Labor Relations Act (NLRA)

1935 in Kraft trat, führten die Arbeiter erbitterte Streiks um die Teilnahme an Tarifverhandlungen. Einige Arbeiter wurden bei diesen Auseinandersetzungen getötet, viele schwer verletzt. Der NLRA hatte, um der Gewalt ein Ende zu bereiten, einen kostengünstigen Machtkampf (die Wahl von Gewerkschaftsvertretern) eingeführt und von den Arbeitgebern gefordert, die Tarifverhandlungen mit den von den Arbeitnehmern mehrheitlich gewählten Vertretern durchzuführen.

Begrenzte Streiks. Die hohen Kosten, die mit einem Arbeitskampf verbunden sind, können gesenkt werden, indem »richtige« Arbeitskämpfe durch »scheinbare« Arbeitskämpfe ersetzt werden. Bei einem solchen Streik im Fußball z. B. würden die Spieler also weiterspielen, ohne Geld und ohne Gewinn für die Geschäftsführung (beide Parteien hätten also dieselben Einbußen wie bei einem richtigen Arbeitskampf). Anders als beim traditionellen Arbeitskampf nähme hier eine dritte Partei das Geld in Verwahrung. Ein Teil des Geldes käme einer von beiden Parteien ausgewählten wohltätigen Einrichtung zugute, den Rest würden die Konfliktparteien nach Bewältigung des Konflikts erhalten. Auf diese Weise tragen beide Parteien ihren Machtkampf zwar aus, werden aber nicht davon abgehalten, ihr gemeinsames Ziel, die Förderung des Fußballspiels, auch weiterhin zu verfolgen. Dieser Machtkampf ist für die Konfliktparteien letztendlich weniger kostspielig als der traditionelle Arbeitskampf, denn sie erhalten einen Teil des Geldes zurück.

Dieser gut durchdachte und mit geringen Kosten verbundene Machtkampf muß jedoch erst noch allgemein anerkannt werden. Andere kostengünstige Arbeitskämpfe kommen bereits heute gelegentlich zur Anwendung. So z. B. der Demonstrations- oder Warnstreik, in dessen Verlauf die Arbeiter zur Demonstration ihrer Macht eine Stunde lang ihre Arbeit niederlegen. In Japan beginnen die Arbeiter manchmal mit einem Streik, in dessen Verlauf zwar ganz normal weitergearbeitet wird, jeder Arbeiter aber eine schwarze Armbinde trägt, um seine Unzufriedenheit zu signalisieren und bei der Betriebsleitung die Erinnerung an die Beschwerden wachzuhalten.

Wie bei allen Machtkämpfen besteht auch bei den kostengünstigen die Gefahr einer unbeabsichtigten Eskalation. Die Organisatoren der Demonstrationen am Atommeiler in Seabrook befürchteten, daß es zu Gewalttätigkeiten kommen könnte, und führten deshalb ein umfassendes Trainingsprogramm für gewaltlose Demonstrationen durch.

Regeln der Vernunft. Die Parteien können stillschweigend oder ausdrücklich vereinbaren, welche »Waffen« bei Machtkämpfen zum Einsatz kommen sollen. Jugendgangs können beispielsweise darin übereinkommen, im Kampf keine Messer oder Gewehre, sondern nur Fäuste zu benutzen. Auch die Vereinigten Staaten und die Sowjetunion beachteten gewisse Regeln der Vernunft: kein Einsatz atomarer Waffen, keine direkte militärische Aktion gegen lebenswichtige Einrichtungen des Gegners, wodurch ein Atomkrieg – der mit den höchsten Kosten verbundene Machtkampf – verhindert wurde.

Was hält die Streitparteien davon ab, einen Machtkampf bis zum bitteren Ende auszutragen? Fast immer ist es die Angst, die andere Seite werde zu ähnlichen Waffen greifen, so daß am Ende beide schwere Verluste davontragen. Eine Regel der Vernunft lautet, Abstand zur anderen Seite zu halten, wenn der Kontakt mit ihr in einen Kampf münden könnte. Aus diesem Grund vereinbaren Gruppen – unabhängig von ihrer Größe – Grenzen und Pufferzonen.

4. Regel: Bauen Sie Beratungen vorher, Feedbacks nachher ein

Die 4. Regel soll unnötige Konflikte vermeiden und zukünftigen Streitigkeiten vorbeugen. Dies erfolgt sowohl durch Ankündigungen und Beratungen als auch durch Analysen und Feedbacks nach der Behebung des Konflikts.

Ankündigung und Beratung. In Caney Creek empfahlen wir der Betriebsleitung, die Gewerkschaft zu benachrichtigen und sich mit ihr zu beraten, bevor irgendwelche Maßnahmen ergriffen wurden. Die Benachrichtigung ist nur als Vorabankündigung der beabsichtigten Maßnahme zu verstehen; die Beratung hingegen führt weiter und bietet Gelegenheit, die vorgeschlagene Maßnahme zu diskutieren, bevor sie umgesetzt wird. Ankündigungen und Beratungen können aus Mißverständnissen entstandene Konflikte verhindern. Sie können auch Ängste und Widerstände abbauen, die häufig das Ergebnis unerwarteter und einseitiger Entscheidungen sind. Und schließlich tragen sie dazu bei, Meinungsunterschiede frühzeitig festzustellen, so daß sie verhandelt werden können.

Analyse und Feedback nach der Konfliktbewältigung. Ziel ist es ferner, die Parteien dabei zu unterstützen, aus ihren Konflikten zu lernen und so ähnliche Auseinandersetzungen in Zukunft zu vermeiden. Einige Konflikte sind symptomatisch für ein größeres, den Konfliktparteien oder ihren Organisationen bekanntes Problem, mit dem sie sich auseinandersetzen müssen. Der kluge Designer baut in das System auch Analysen und Feedbacks ein, die nach Bewältigung des Konflikts durchgeführt werden sollen. In einigen Herstellerfirmen analysieren Anwälte und Manager regelmäßig Beschwerden von Konsumenten, um festzustellen, welche Veränderungen am Produkt ähnliche Streitfälle in Zukunft verhindern. Am Massachusetts Institute of Technology befassen sich Ombudsmänner mit den Maßnahmen der Universität, die zu Konflikten führen, und machen Änderungsvorschläge.

In den Fällen, in denen die Interessen einer größeren Gruppe auf dem Spiel stehen, kann der Systemdesigner eine andere Art von Feedback geben. Er kann eine Beschwerdestelle einrichten und Maßnahmen zum Schutz dieser Gruppe ergreifen. Einige Verbraucherschutzorganisationen führen beispielsweise eine Kartei über eingegangene Beschwerden und alarmieren bei wiederholten Klagen über dasselbe Unternehmen die betreffenden staatlichen Behörden.

Ein Forum bilden. Regelmäßige Diskussionsrunden sind eine Möglichkeit, Beratungen und Analysen nach Konflikten zu institutionalisieren. Auf diesen Treffen werden Fragen erörtert, die während eines Konflikts aufkommen, deren Ursachen und Auswirkungen jedoch weit über den eigentlichen Konflikt hinausgehen. Daher haben wir in Caney Creek die monatlichen Treffen des Kommunikationskomitees wieder ins Leben gerufen. Als die Monopolstellung von Pacific Bell abgebaut wurde, bildeten das Unternehmen und die Gewerkschaft »Gemeinsame Interessenforen«, um Möglichkeiten der Zusammenarbeit zu diskutieren und unnötige Streitigkeiten zu vermeiden.

5. Regel: Ordnen Sie die Strategien in der Reihenfolge niedrige Kosten – hohe Kosten

Die oben aufgeführten Regeln empfehlen Verfahren in folgender Reihenfolge: auf Interessen basierende Verhandlungen, Verfahren, die an den Verhandlungstisch führen, kostengünstige Verfahren zur Unterstützung der Rechtsbzw. Machtpositionen. Diese Schritte lassen sich als Stufen auf der Konfliktlösungsleiter veranschaulichen. Im folgenden sind Strategien zusammengestellt, die man bei der Erarbeitung einer solchen Reihenfolge heranziehen kann:

Verfahren zur Vermeidung von Konflikten
- Ankündigung und Beratung
- Analyse und Feedback nach der Konfliktbewältigung
- Forum

Interessenorientierte Verfahren
- Verhandlung
  - Schnelle, mündliche Bewältigung von Konflikten
  - Viele Anlaufstellen
  - Etablierte Verhandlungsstrategie

Mehrstufige Verhandlung
Weise Berater
Schlichtungsverfahren
Schlichtung durch gleichgestellte Kollegen
Schlichtung durch Experten

Loop-back-Verfahren
von Rechtspositionen
Informationsverfahren
Beratendes Schiedsverfahren
Minigerichtsverfahren
Einfaches Schwurgerichtsverfahren
von Machtpositionen
Abkühlungsphasen
Intervention durch Dritte

Kostengünstige Verfahren zur Unterstützung
von Rechtspositionen
Traditionelles Schiedsverfahren
Beschleunigtes Schiedsverfahren
Vermittelndes Schiedsverfahren
Schiedsverfahren durch eine letzte Offerte
von Machtpositionen
Wahl
Begrenzte Streiks
Demonstrations- oder Warnstreiks
Regeln der Vernunft

Bei Festlegung der Vorgehensweise sollten Sie mit einer interessenorientierten Verhandlung beginnen, dann zu einer die Interessen berücksichtigenden Schlichtung übergehen und mit einem kostengünstigen Rechtsverfahren fortfahren. Die Reihenfolge, die bei dem von den Ölfirmen gegründeten Joint Venture (vgl. 3. Kapitel) benutzt wurde, beinhaltet drei aufeinanderfolgende Schritte: Versuchen Sie Konflikten frühzeitig zu begegnen, indem Sie sie in einem gemeinsamen Komitee beilegen; sollte dies nicht gelingen, führen Sie zwei höhere, neutrale

Führungskräfte ein, die die Verhandlungen führen; sollte auch dies fehlschlagen, wenden Sie sich eher einem kostengünstigen Schiedsverfahren zu als einem kostspieligen Rechtsstreit. Diese Vorgehensweise schließt die potentiellen »Lücken« im System.

Ziehen die Parteien dennoch vom Verhandlungstisch direkt vor Gericht, dann sollten Sie unter Umständen neue Verfahren in Erwägung ziehen. Will man weitere Stufen einbauen, ist es jedoch wichtig, die möglichen Auswirkungen der neuen Verfahren auf die bereits angewandten zu berücksichtigen. Wird ein zusätzliches Verfahren eingesetzt, so kann dies dazu führen, daß die Konfliktparteien die ersten Stufen nur der Form halber durchführen. Die Attraktivität und Verfügbarkeit von Schlichtungsverfahren kann die Parteien dazu verführen, weniger intensiv zu verhandeln. Viele Verfahren in einer Reihenfolge anzuordnen, in der jedes neue Verfahren nur ein bißchen kostspieliger ist als das letzte, kann – so paradox es klingen mag – zur Eskalation führen. Je enger die Sprossen auf der Leiter, desto leichter ist es, hinaufzuklettern. Dieses Paradoxon sollte Sie jedoch nicht davon abhalten, eine fortschreitende Reihenfolge zu entwickeln.

6. Regel: Achten Sie auf die nötige Motivation, ausreichende Fertigkeiten und Mittel

Die letzte Regel zieht sich wie ein roter Faden durch alle anderen: Stellen Sie sicher, daß die Strategien auch funktionieren, indem Sie für Motivation sorgen, für ausreichende Fertigkeiten und die Mittel, die nötig sind, um die Verfahren auch einzusetzen. Bei der Entwicklung eines Systems, z. B. zur Beilegung von Streitigkeiten über den Standort von Sondermülldeponien, machte die Gesetzgebung eines Bundesstaates Verhandlungen zur Pflicht und sorgte zur Unterstützung des Verhandlungsprozesses für Mittel in Form von technischer Hilfe. Ohne die nötige innere Einstellung sowie die nötigen Fertigkeiten und Mittel könnten die Verfahren leicht fehlschlagen.

Schlußfolgerung

Dieses Kapitel hat die sechs Regeln eines Konfliktlösungssystems dargelegt. Die 1. Regel ist die wichtigste: Stellen Sie die Interessen der Partner heraus. Sorgen Sie zweitens für an Rechts- bzw. Machtpositionen orientierte Verfahren, die die Parteien wieder an den Verhandlungstisch zurückführen. Die 3. Regel: Achten Sie drittens auf kostengünstige Strategien zur Bestimmung der Rechts- bzw. Machtpositionen. Die 2. und 3. Regel ergänzen somit die 1. Regel. Viertens: Planen Sie Beratungen ein, bevor Konflikte aufkommen, und geben Sie nach Lösung des Konflikts Feedbacks. Fünftens: Ordnen Sie die Strategien in der Reihenfolge niedrige Kosten – hohe Kosten an. Sechstens: Sorgen Sie für Motivation, Fertigkeiten und Mittel, die notwendig sind zum Funktionieren dieser Strategien. In ihrer Gesamtheit helfen diese sechs Regeln, die Kosten zu senken und potentiellen Nutzen aus dem Konflikt zu ziehen.

Nun ist sicherlich der Eindruck entstanden, daß der Systemdesigner die Rolle des Arztes und die Konfliktparteien die Rolle der Patienten einnähmen. Doch im Idealfall werden und sollten die Parteien auf allen Stufen der Entwicklung aktive Teilnehmer sein. Im nächsten Kapitel betrachten wir die Beziehung zwischen dem Systemdesigner und den Konfliktparteien etwas genauer.

4. Kapitel

Das System in Betrieb nehmen

Die Konfliktparteien einbeziehen

Gleichgültig wie scharfsinnig die Diagnose und wie erfinderisch der Entwurf: Es ist außerordentlich schwierig, ein Konfliktlösungssystem ohne enge Zusammenarbeit mit den Konfliktparteien zu verändern. Der Systemdesigner benötigt ihre Kenntnisse und Erfahrungen, um seine Vorstellungen auf die spezielle Situation zuschneiden zu können. Außerdem wird eine Änderung wohl kaum Bestand haben ohne die aktive Unterstützung der Parteien. Das Entwerfen ist ebensosehr eine technische wie eine politische Aufgabe, die darauf abzielt, Unterstützung zu finden und Widerstände zu überwinden. Wir werden die Arbeit mit den Parteien in vier chronologischen Phasen erörtern: Startphase; Untersuchung und Entwurf; die Veränderungen richtig anbringen; Abschiednehmen, Bewertung und Verbreitung.

Startphase

Die Gelegenheit, ein Konfliktlösungssystem zu entwerfen, bietet sich am ehesten in einer der drei folgenden Situationen: Es droht eine Krise; ein Insider hatte eine »bessere Idee«; eine neue Beziehung bzw. Organisation ist entstanden.

Eine Krisensituation

Viele Menschen ziehen eine Veränderung ihres Konfliktlösungssystems erst dann in Erwägung, wenn es akut gefährdet ist: wenn Streitigkeiten viel Zeit und Geld kosten, die Ergebnisse unbefriedigend sind, die Beziehung belastet ist und dieselben Konflikte immer wieder neu aufflammen. Doch selbst in Krisen bitten die Parteien selten einen Außenseiter, das System neu zu entwickeln. Sie wünschen vielmehr nur ein Schulungsprogramm, Empfehlungen oder die Lösung eines bestimmten Streitfalls. Die Gelegenheit, das System zu verändern, bietet sich häufig erst, nachdem der Systemdesigner an Glaubwürdigkeit gewonnen hat und die Parteien ihm Vertrauen entgegenbringen. Ein Systemdesigner erzählte uns folgendes:

Ich habe das Gefühl, daß Leute nicht geholt werden, um die Organisation wieder in Ordnung zu bringen. In den meisten Fällen sollen sie sich mit einem ganz bestimmten Problem befassen. Es gibt immer jemanden in der Führungsposition, der nicht einsieht oder einsehen will, daß die Organisation verändert werden muß. Diese Leute ziehen den Status quo vor; vielleicht fürchten sie, daß sie den Veränderungen nicht gewachsen sind, daß die Veränderungen ihnen schaden könnten oder daß sie die Kontrolle verlieren. Es gefällt ihnen, so wie es ist.

Der angehende Systemdesigner nutzt die Unzufriedenheit der Parteien mit ihrer augenblicklichen Situation und macht sie mit dem Gedanken vertraut, das System zu erneuern. Genau das war bei der IBM-Fujitsu-Kontroverse der Fall. Schiedsrichter wurden eingeführt, um über eine große Anzahl von Streitfällen zu entscheiden, die wegen der angeblich unrechtmäßigen Nutzung von IBM-Software entstanden waren. Sie fanden jedoch schon bald heraus, daß unabhängig von ihrer Entscheidung Streitigkeiten auch weiterhin aufkamen. Sie arbeiteten mit den Parteien zusammen und dehnten ihren Auftrag auf die Entwicklung eines Konfliktlösungssystems aus.

Eine bessere Idee

Nicht alle Veränderungen finden während einer Krise statt; einige gehen schrittweise vor sich, so daß manchmal eine kreative Idee ausreicht, um Veränderungen zu initiieren. Da man im allgemeinen abgeneigt ist, einen Außenseiter um Hilfe zu bitten, wird gewöhnlich ein Insider damit betraut, Veränderungen vorzunehmen. So haben selbst Schulverwaltungen und religiöse Führer Schlichtungsverhandlungen in ihren Einrichtungen eingeführt. Richter hatten sehr viel Einfluß auf die Entwicklung und Förderung von gerichtlich angeordneten Schiedsverfahren, Schlichtungsverfahren und ähnlichen im Rechtssystem vorgenommenen Veränderungen. Schlichtungsverfahren bei Beschwerden sind sowohl von Betriebsangehörigen als auch von Gewerkschaftern nicht aufgrund einer Krise eingeführt worden, sondern weil zur Lösung von Streitfällen dieser Weg am geeignetsten erschien.

Ein neues System

Ein Konfliktlösungssystem sollte möglichst noch vor Streitigkeiten entwickelt werden. Es wird den Parteien leichter fallen, Verfahren zuzustimmen, bevor sie in einen Streitfall verwickelt sind. Auch muß der Systemdesigner zu diesem Zeitpunkt noch nicht mit dem Widerstand derer rechnen, die ein Interesse an dem bestehenden System haben. Aber auch in diesem Stadium sind psychologische Barrieren vorhanden, die der Entwicklung eines Konfliktlösungssystems im Wege stehen:

Vielen Menschen fällt es schwer, bereits am Anfang einer Beziehung, von der sie hoffen, daß sie harmonisch verlaufen wird, an mögliche zukünftige Konflikte zu denken. So treffen, trotz der Tatsache, daß über ein Drittel aller Ehen geschieden wird, nur wenige Paare (selbst die, die zum zweitenmal heiraten) vor der Ehe Vereinbarungen darüber, wie sie Streitigkeiten beizulegen gedenken. Auch bei Geschäftsverbindungen sträuben sich die Vertragsparteien häufig dagegen, im voraus eine Klausel festzulegen, wie sie zukünftige Streitfälle bewältigen werden. Denn sie wollen keinen Konflikt heraufbeschwören, dessen Ausgang unsicher ist. Häufig schreckt man davor zurück, die Möglichkeit eines Streits in Erwägung zu ziehen, weil es den Anschein erwecken könnte, man fühle sich der Beziehung nicht verpflichtet (Goldberg u.a. 1985:540).

Dennoch halten einige Parteien Konflikte durchaus für möglich und entwickeln Verfahren, um sie schon in den Anfängen zu entschärfen. Fast jeder Tarifvertrag sieht Verfahren vor, um Konflikte zu lösen, die während der Laufzeit aufkommen. In ähnlicher Weise enthalten viele Joint Venture-Vereinbarungen zwischen Großunternehmen sorgfältig entworfene Klauseln darüber, wie eventuelle Streitfälle beigelegt werden sollen. Auch Nationen treffen gelegentlich im voraus Vorbereitungen zur Bewältigung zukünftiger Konflikte. Der Salt I-Vertrag zwischen den Vereinigten Staaten und der Sowjetunion sah z. B. die Einrichtung eines »ständigen Beratungsausschusses« vor, der versuchen sollte, Auseinandersetzungen über Vertragsverletzungen beizulegen.

Der Systemdesigner kann daraus folgende Lehre ziehen: Gehen die Parteien eine Beziehung ein, in der Streitigkeiten wahrscheinlich sind, sollte er sie dazu drängen, ein kostengünstiges Konfliktlösungssystem zu entwickeln, noch *bevor* Streitigkeiten aufkommen.

Akzeptiert werden

Ganz gleich, auf welche Weise der Systemdesigner in einen Streitfall verwickelt wird – durch eine Krise, eine bessere Idee oder ein neues System –, er muß zuerst einmal von allen Parteien akzeptiert werden. Ist der Designer bereits mit einer Partei bekannt, kann die andere ihn für befangen halten. Um diesem Eindruck entgegenzuwirken, kann der Systemdesigner bei der anderen Partei einen Verbündeten suchen, mit dem eine Zusammenarbeit möglich ist. Ist der Systemdesigner ein Externer, der von einer Partei um Hilfe gebeten wurde, wird er sich mit der anderen Partei darüber beraten, ob sie mit seiner Unterstützung einverstanden ist. Mit allen Beteiligten fast gleichzeitig Kontakt aufzunehmen, kann sehr wichtig sein; denn wenn in einem Konflikt eine Seite glaubt, daß der Systemdesigner der anderen nähersteht, ist seine Glaubwürdigkeit gefährdet.

Bereits beim ersten Zusammentreffen mit den Parteien muß der Systemdesigner wie auch der Schlichter ein Gefühl für die versteckten Interessen sowie die Konflikte zwischen und innerhalb der Parteien haben. In Caney Creek stellten wir beispielsweise fest, daß wir nur von dem Teil der Geschäftsleitung um Hilfe gebeten worden waren, der hoffte, wir würden seine Position unterstützen und ihm helfen, sich in diesem internen Streit über die beste Konfliktstrategie durchzusetzen.

Zwar wird der zu Hilfe gerufene Systemdesigner leichter akzeptiert als der, der den Parteien aufgezwungen wird, oder der, der selbst die Initiative ergreift; eine Aufforderung ist aber dennoch keine Garantie dafür, daß er auch akzeptiert wird. Aufforderungen durch Führungskräfte beider Parteien können dazu führen, daß die Gruppe oder die Mitarbeiter nur minimal am Prozeß teilnehmen. Obgleich uns höhere Gewerkschaftsfunktionäre und Führungskräfte des Betriebes nach Caney Creek eingeladen hatten, stellten wir sehr bald fest, daß wir den lokalen Gewerkschaftsfunktionären und Managern aufgezwungen worden waren. Sehr viel später erkannten wir, daß die Zustimmung der Gewerkschaftsführung nicht gleichzusetzen war mit der Zustimmung der Gewerkschaftsmitglieder.

Die Parteien in die Untersuchung und Planung einbeziehen

Um Informationen und Unterstützung von allen Parteien zu erhalten, sollte der Systemdesigner sie von vornherein in die Untersuchung und Planung einbeziehen. Beteiligen sich die Parteien nicht, sind die Chancen, daß sie einem objektiv guten Ergebnis zustimmen werden, gering.

Es gibt mehrere Möglichkeiten, die Parteien an der Untersuchung und Planung teilnehmen zu lassen: durch die Bildung eines Planungsausschusses, durch die Reisediplomatie und durch Überzeugung der Meinungsführer und derjenigen, die schließlich die Entscheidungen treffen.

Einen Planungsausschuß bilden

Nachdem alle betroffenen Parteien ausgemacht worden sind, fordert der Systemdesigner sie dazu auf, Vertreter in einen Ausschuß zu wählen, der bei der Untersuchung des alten Systems und bei der Planung eines neuen helfen will. Der Planungsausschuß dient oftmals als Verbindungsglied zwischen dem Systemdesigner und den Parteien. Ein Designer berichtete uns folgendes:

> Wir wählen Vertreter der verschiedenen Interessengruppen aus, die uns bei der Entwicklung eines Verfahrens helfen, uns Feedback geben, uns auf dem laufenden halten und als Verbindungsglied zwischen dem Systemdesigner und den Streitparteien dienen. Der Planungsausschuß handelt das Verfahren aus. Anschließend bringt nicht der Systemdesigner das Verfahren an den Mann, sondern eben diese Gruppe. Wenn jemand nicht einverstanden ist, sagen nicht wir, sondern ein Mitglied des Planungsausschusses: »Nun warte doch mal, wir haben das aus diesem und jenem Grund so gemacht.« So ist die Identifikation mit dem Prozeß größer, und die Parteien fühlen sich eher verpflichtet, das Problem gemeinsam zu lösen.

Ein anderer Systemdesigner bezeichnete jedes Mitglied des Planungsausschusses als »Quasi-Vermittler« zwischen der Gruppe, die er vertrat, und der anderen Seite. Jeder konsultiert seine Gruppe, um sicherzugehen, daß die Veränderungen, denen zugestimmt wurde, auch von den potentiellen Benutzern unterstützt werden.

Die Reisediplomatie

Bedrohen Feindseligkeit und Mißtrauen die gemeinsamen Beratungen, kann Reisediplomatie die Parteien wieder direkt in den Prozeß einbeziehen. Der Systemdesigner trifft sich dann jeweils abwechselnd mal mit der einen, mal mit der anderen Partei und probiert dabei so lange mögliche Veränderungen im Konfliktlösungssystem aus, bis entweder eine Übereinkunft erzielt oder der Grad der Feindseligkeit so weit abgebaut worden ist, daß nun gemeinsame Treffen abgehalten werden können. So sind wir auch in Caney Creek vorgegangen.

Eine Hilfe für die Reisediplomatie ist das »Ein-Text-Verfahren«. Bei diesem Verfahren beginnt der Systemdesigner mit einem einfachen Entwurf, der sich sowohl aus seinen eigenen Vorstellungen als auch aus denen der Parteien zusammensetzt. Der Systemdesigner legt den Entwurf aber nicht als seine Empfehlung vor, sondern nur als Auflistung einiger Ideen, die sich aus den Vorschlägen der Parteien und der Erfahrung des Systemdesigners ergeben. Er bittet die Parteien zu diesem Zeitpunkt nicht, den Entwurf zu akzeptieren oder zurückzuweisen, sondern nur um ihre Meinung: Berücksichtigen diese Ideen das Problem der hohen Streitkosten? Welche Hindernisse könnten bei der Anwendung des Verfahrens auftreten? Wie könnten die Ideen noch verbessert werden? Was wird außerdem noch benötigt? (Fisher/Ury 1990)

Nachdem der Systemdesigner die Parteien konsultiert hat, sieht er den Entwurf nochmals durch und versucht möglichst, die von einer Seite gemachten Änderungsvorschläge einzubeziehen, ohne dadurch das vorgeschlagene Modell für die andere Seite unattraktiver zu machen. Dann wendet er sich erneut an die Parteien, und auch diesmal ist er eher an Kritik interessiert als an Annahme oder Zurückweisung des Entwurfs. Danach zieht er sich erneut zurück, nimmt weitere Änderungen vor und wendet sich schließlich wieder an die Parteien, um sie nochmals um ihre Meinung zu bitten. Nach drei Runden – vielleicht aber auch erst nach einundzwanzig – legt er endlich einen Entwurf vor, der die Handschrift all derer trägt, die sich dazu geäußert haben. Erst jetzt, nachdem der Systemdesigner alles unternommen hat, um die

Interessen der Parteien angemessen zu berücksichtigen, legt er ihnen den Entwurf zur offiziellen Annahme vor.

Die Schlüsselpersonen in den Vordergrund stellen

In einigen Situationen braucht der Systemdesigner unter Umständen eher die Personen, die das System kontrollieren, als die Unterstützung der eigentlichen Streitparteien. Dies war zum Beispiel bei der Entstehung des sogenannten mehrtürigen Gerichtsgebäudes im Distrikt von Columbia der Fall:

Eigentlicher Initiator war die Gründerin und Direktorin des Citizens Complaint Center. ... Sie unterbreitete den Vorschlag dem vorsitzenden Richter der Abteilung für Familienrecht des Distriktgerichts, weil sie die Einbeziehung eines Richters in einer Schlüsselposition für wichtig hielt und der Meinung war, daß die Einführung eines mehrtürigen Gerichtsgebäudes im Bereich des Familienrechts der richtige Weg war. Der vorsitzende Richter der Abteilung für Familienrecht sah jedoch eine Möglichkeit, die Initiative vielseitiger zu gestalten, und legte den Vorschlag dem Gerichtspräsidenten vor. Der Gerichtspräsident seinerseits versammelte den D.C. Corporation Counsel, die Anwaltskammer, Geschäftsleute, Vertreter des Stadtrates und die Staatsanwaltschaft, so daß die wichtigsten Parteien des Systems von Anfang an an der Idee beteiligt waren (Edelman 1984).

Auch bei der Einführung des Schlichtungsverfahrens in der Kohleindustrie standen Schlüsselpersonen im Vordergrund. Zunächst sicherten wir uns die grundsätzliche Zustimmung des Gewerkschaftsvorsitzenden und der Vereinigung der Bergbauunternehmer. Dann setzten wir uns mit den Präsidenten der Gewerkschaftsdistrikte und mit den für die Personalpolitik zuständigen Managern der Unternehmen auseinander. Auch sie stimmten dem Verfahren grundsätzlich zu, gaben aber zu bedenken, daß es nur selten zur Anwendung käme, wenn nicht die örtlichen Gewerkschaftsfunktionäre und die für die Personalpolitik verantwortlichen Manager des Bergwerks von seinem

Wert überzeugt wären. Unterstützen jedoch die örtliche Gewerkschaftsführung und die Betriebsleitung das Verfahren, so würden die einzelnen Konfliktparteien – Bergarbeiter und ihre Vorarbeiter – sich eher darauf einlassen. Also haben wir uns sehr bemüht, die örtlichen Funktionäre für unser Verfahren zu gewinnen. Wie vorausgesagt hatte es in jenen Bereichen einen guten Start, in denen wir die örtliche Führung dafür begeistern konnten; in anderen wurde das Verfahren nur spärlich eingesetzt.

Der Systemdesigner ist gut beraten, sich in den Bereichen auf Schlüsselpersonen zu konzentrieren, wo diese die von den Streitparteien benutzten Verfahren stark beeinflussen. Aber auch dann muß sich der Systemdesigner unter Umständen um die potentiellen Benutzer des Systems bemühen, um besser beurteilen zu können, auf welche Weise er sie zur Anwendung neuer Methoden motivieren könnte.

Der Balanceakt des Systemdesigners

Wollen Sie die streitenden Parteien von einem neuen System zur Konfliktlösung überzeugen, so müssen Sie in drei unterschiedliche Rollen schlüpfen: in die Rolle des Experten, des Schlichters und des Unterhändlers. Sie werden als Experte auftreten, wenn Sie das bestehende System analysieren und potentielle Alternativen entwickeln. Sie werden als Schlichter auftreten, wenn Sie die Streitparteien dabei unterstützen, ein neues System nach ihren Vorstellungen zu entwickeln. Und Sie werden den Unterhändler spielen, wenn Sie die Entwürfe vorstellen. Lesen wir die Erfahrungen eines Systemdesigners, der ein solches Modell für ein Gefängnis entwickelte:

Ich verhandle mit den Parteien, um unsere Ideen (die des Planungsteams) auf den Tisch zu legen, um die Grenzen abzustecken, innerhalb derer wir uns bewegen können. Dann kann ich mich ein bißchen entspannen und muß nur verhandeln, um die Leute davon abzuhalten, den Entwurf zunichte zu machen oder sonst etwas Schreckliches anzustellen. Aber dann muß man mit dem Verwalter sprechen, um sicherzugehen, daß er oder sie versteht, was bisher getan worden ist und alles so weiter akzeptiert, denn sonst arbeitet man zwei oder drei Monate lang, liefert ein wundervolles Paket ab und der Verwalter sagt dann: »Das kann ich so nicht machen.« Und deshalb wird sowohl zwischen dem Planungsausschuß und dem Verwalter vermittelt als auch direkt mit ihnen verhandelt.

Mit Widerstand umgehen

Selbst wenn alle Parteien am Änderungsprozeß beteiligt sind, werden Sie erleben, daß sich Einzelpersonen oder auch Gruppen ganz offen gegen die neuen Strategien stellen. Einige sehen ihre Positionen als Verwalter oder Verfechter des bestehenden Systems bedroht. Andere haben die Streitfälle mit den bestehenden Methoden bisher immer gewonnen und fürchten, daß die neuen Verfahren ihnen Nachteile bringen.

Beschäftigen Sie sich daher mit den Skeptikern. Versetzen Sie sich in ihre Lage. Zum Beispiel könnten sich Bewährungshelfer dem Plan widersetzen, alle jugendlichen Straftäter einem Rechtsverfahren der Gemeinde zu unterziehen, anstatt sie vor ein Jugendgericht zu stellen, da bei sinkenden Zahlen der zu beaufsichtigenden Jugendlichen gleichzeitig auch die Nachfrage nach Bewährungshelfern abnähme. Schiedsrichter könnten ein Schlichtungsverfahren für Beschwerden ablehnen, da auf diese Weise unter Umständen weniger Beschwerden vor ein Schiedsgericht kämen. Anwälte könnten sich den vom Gericht geförderten Schiedsverfahren widersetzen, da dadurch die Anzahl der Gerichtsverfahren reduziert würde. Die manchmal nur versteckte, manchmal aber offensichtliche Angst vor Arbeitslosigkeit kann sehr stark sein.

Am wirkungsvollsten läßt sich dieser Angst begegnen, indem man den Gegnern zeigt, daß sie in dem neuen Verfahren durchaus eine Rolle spielen. Anwälten gefällt das Minigerichtsverfahren und das einfache Schwurgerichtsverfahren (vgl. 3. Kapitel), weil sie in diesen Verfahren ihrer gewohnten Arbeit nachgehen. In ähnlicher Weise haben wir beunruhigte Schiedsrichter darauf hingewiesen, daß sie gerade wegen ihrer Kenntnisse und Erfahrungen im Bereich der Personalpolitik und in der Auslegung von Tarifverträgen für eine Tätigkeit als Schlichter geeignet sind.

Es ist jedoch manchmal unvermeidlich, daß Einzelpersonen in dem neuen Verfahren eine weniger wichtige Stellung einnehmen, da keine äquivalente Rolle für sie gefunden wurde. In solchen Fällen wird der Systemdesigner die Parteien auf den Widerstand dieser Personen vorbereiten und mit Befürwortern der Veränderungen darüber beraten, wie dem begegnet werden kann.

Gehen Sie auf die ein, die sich als »Gewinner« einschätzen. Warum sollten sich Lehrer am Entwurf eines Verfahrens beteiligen, das es ihren Schülern leichter macht, sich über ihre Noten zu beschweren? Warum sollte sich eine Regierungsbehörde, die sich bisher erfolgreich gegen rechtliche Ansprüche verteidigt hat, auf ein Verfahren einlassen, das auf den Ausgleich von Interessen und nicht auf die Beteiligung von Rechtspositionen zielt?

Es ist nur zu verständlich, daß Parteien, die mit dem bestehenden System »gewinnen«, nicht daran interessiert sind, es zu verändern.

Eine schwierige Aufgabe für den Systemdesigner. Weisen Sie die »gewinnenden« Parteien darauf hin, daß das neue System langfristig ihre Interessen unberücksichtigt läßt, wenn sie sich an dem Planungsprozeß nicht beteiligen. Und zeigen Sie den Skeptikern die Vorteile des neuen Systems auf: niedrigere Transaktionskosten, eine geringere Zahl wieder neu aufflammender Konflikte und nicht zuletzt langfristig eine Verbesserung der Beziehung. Auch der Präsident einer Herstellerfirma, die bislang zwar die meisten Prozesse gegen Großhändler gewonnen, aber im Laufe der Zeit Geschäftspartner verloren hat, wird dies einsehen.

Liegt eine ablehnende Haltung in übertriebenen Ängsten begründet, so läßt sich der Widerstand durch experimentelle Methoden aufweichen. Entweder man demonstriert den Parteien die neuen Verfahren vor Ort oder man ermuntert sie dazu, sie für einen begrenzten Zeitraum auszuprobieren.

Veränderungen richtig anbringen

Es ist nun ein langer Weg vom Zeichentisch zur Baustelle; überall lauern Probleme. Häufig entsteht ein neues Interessengeflecht, wenn Parteien neue Verfahren ankündigen, sie dann aber nicht benutzen. Oder Parteien sträuben sich aus Furcht, ihnen könnten die nötigen Fertigkeiten fehlen oder aber sie könnten diese nicht erlernen. Auch führen Einzelheiten des Entwurfs, die unmöglich schon vorher zu spezifizieren sind, zu Hindernissen, die die Effektivität der Veränderungen in Frage stellen. Es ist unwahrscheinlich, daß irgendein System funktionieren wird, ohne daß Anpassungen an die Verfahren, die Motivation, die Fertigkeiten oder die Mittel vorgenommen werden.

Ein Systemdesigner beschreibt seine ersten Versuche, ein Programm zur Schlichtung interpersonaler Konflikte zwischen Nachbarn durchzuführen:

> Wir haben einfach angefangen und eine Gruppe von fünfundzwanzig Leuten gebildet, um die erste Trainingsrunde (des Schlichtungsverfahrens) durchzuführen. Wir haben ein paar Schlichtungskonferenzen abgehalten, aber was die Schlichter da gemacht haben, hat uns nicht gefallen, und so haben wir darum gebeten, daß sie noch weiter geschult werden, haben sie weiter geschult und hatten noch einige weitere Konferenzen. Weitere Verbesserungen waren nötig, und so haben wir die Schlichter weiter und weiter geschult und dabei das Trainingsprogramm, das auf den Erfahrungen aus Schlichtungsverfahren basierte, verändert. Nach anderthalb Jahren waren wir zufrieden.

Um Veränderungen richtig anzubringen ist auf zweierlei zu achten:

Motivieren Sie die Parteien, die neuen Verfahren zu benutzen, und unterstützen Sie sie darin, die dafür notwendigen Fertigkeiten zu entwickeln.

Die streitenden Parteien von den neuen Verfahren überzeugen

Ein Großteil Ihrer Untersuchung und Planung ist darauf ausgerichtet, die neuen Verfahren auf die Interessen der Parteien abzustimmen und somit attraktiv zu gestalten. Aber auch wenn die entwickelten Verfahren auf dem Papier gut aussehen, werden nicht alle Streitparteien sie einsetzen. Dieser abweisenden Haltung können Sie auf unterschiedliche Weise begegnen: indem Sie die Verfahren in der Praxis vorführen, auf Führungskräfte als positive Beispiele verweisen, gleichrangige Kollegen als Befürworter nennen, Ziele genau abstecken, Anreize geben und frühzeitig Erfolge bekanntgeben.

Die Verfahren in der Praxis vorführen. Ermutigen Sie die Skeptiker dazu, sich mit Personen zu beraten, die ein ähnliches Verfahren schon einmal angewandt haben. Besser noch: Laden Sie die Betroffenen ein, ein solches Verfahren in der Praxis kennenzulernen. Oder fordern Sie die potentiellen Benutzer dazu auf, diese Verfahren in einer simulierten Situation selbst auszuprobieren.

Ein Teilnehmer erklärte nach einem simulierten Gespräch:

> Ich glaube, ich kann mit ihr zusammenarbeiten. Sie war gewillt, Informationen preiszugeben, und hat während der Simulation auch meine Interessen berücksichtigt. Wenn sie dazu auch im wirklichen Leben bereit ist, haben wir eine Basis, auf der wir zusammenarbeiten können.

Das Verhalten von Führungskräften als Vorbild anführen. In Caney Creek schlugen wir dem Leiter des Bergwerks vor, mit den Arbeitern einige Zeit unter Tage zu verbringen, um mit ihnen zu sprechen und ihre Beschwerden anzuhören. Wir hofften, daß die Vorarbeiter seinem Beispiel folgten und auch verhandelten. Häufig weisen die

Taten eines Vorgesetzten den Mitarbeitern den Weg zur Bewältigung von Konflikten.

Gleichrangige Kollegen als Befürworter nennen. Personen, die das neue Verfahren mit entworfen oder benutzt haben, sind häufig am ehesten geeignet, andere von seinen Vorteilen zu überzeugen. Eine Systemdesignerin, die in einem Gefängnis tätig war, bat Mitglieder des Planungsausschusses, den Gefangenen die neuen Methoden zu erläutern. Sie erklärte: »Wenn ein Vertreter der Inhaftierten, der bei den anderen hohes Ansehen genießt, ihnen von einem Verfahren erzählt, an dessen Entstehung er beteiligt war, dann denken die anderen: ›Vielleicht ist es einen Versuch wert.‹« Ähnliches gilt für Schüler, die als Schlichter ausgebildet worden sind und ihre Freunde dazu ermuntern, das Schlichtungsverfahren bei Schulstreitigkeiten einmal auszuprobieren. Auch Anwälte, die als Vermittler bei Scheidungen tätig sind, können ihre Klienten zu Schlichtungsverfahren ermutigen.

Ziele setzen. Besonders motivierend wirkt es sich auf die Parteien aus, wenn ihnen hochgesteckte Ziele gesetzt werden. Bei International Harvester lautete die Vorgabe: Befassen Sie sich mit allen Beschwerden mündlich und noch am selben Tag. Die früheren Aufforderungen (z. B.: Setzen Sie sich mit allen Beschwerden so schnell wie möglich auseinander) waren dagegen nur sehr vage und ließen sich daher kaum in die Tat umsetzen. Auch fehlte das Maß, an dem die Fortschritte gemessen werden konnten. Mit einem klaren Ziel vor Augen waren die erzielten Ergebnisse jedoch überaus positiv – fast alle Beschwerden wurden mündlich bereinigt.

Anreize entwickeln. Um sicherzustellen, daß die neuen Methoden auch benutzt werden, führt der Systemdesigner besondere Formen des Lobs ein. Er kann Konfliktbewältigung zu einem Bestandteil der Arbeitsplatzbewertung eines jeden Managers machen oder den Erwerb der dafür notwendigen Fertigkeiten in die jährlichen Fortbildungspläne für Führungskräfte aufnehmen.

Erfolge frühzeitig bekanntgeben. Bei International Harvester wurde den ersten Erfolgen besondere Aufmerksamkeit geschenkt:

Feierliche Handlungen halfen den Leuten, sich mit dem neuen Programm zu identifizieren. Hohe Führungskräfte lobten die großartige Leistung der Ortsansässigen sowie ihre Bereitschaft zu Veränderungen. Einen gewissen Auftrieb gab auch die Tatsache, daß über den Erfolg, den das Programm in anderen Situationen erzielt hat, gesprochen wurde. Danach wurden Fotos gemacht, und die Kommentare der Leute wurden in der Firmenzeitung abgedruckt. All dies schuf eine Atmosphäre der Zufriedenheit mit dem »neuen Look«.

Präsent sein. Der Einfluß des Systemdesigners während der Durchführung der Veränderungen darf nicht übersehen werden. Sein Erscheinen wirkt als Signal für bevorstehende Veränderungen. Als Systemdesigner sind Sie sowohl Symbol als auch Wächter der neuen Verfahrensregeln. Sie können verhindern, daß die Beteiligten besonders in Krisenzeiten und bei tiefsitzenden Konflikten viel zu schnell wieder in ihre alte Routine zurückfallen. Der Systemdesigner, der präsent ist, erinnert die Parteien daran, nach Möglichkeit kostengünstige und an Interessenausgleich orientierte Verfahren einzusetzen.

Ein Aus- und Fortbildungsprogramm für Konfliktparteien entwickeln

Eine Ihrer wichtigsten Aufgaben ist es, den Streitparteien zu helfen, die notwendigen Fertigkeiten – insbesondere im Schlichten und in Verhandlungsführung – zu erwerben.

Ausbildung. Erfolgreiche Ausbildungsprogramme kombinieren Präsentation, Demonstration und Diskussion über geeignete Techniken mit Simulationsübungen und Feedback. Es ist von Nutzen, die Parteien zusammen auszubilden. Durch die gemeinsame Schulung lernen die Teilnehmer in der Diskussion alternative Verfahren zur Konfliktbewältigung kennen. Es entsteht eine gute Atmosphäre, in der sie die neuen Verfahren ausprobieren. Ferner bietet die gemeinsame Ausbildung die Möglichkeit, auch den Einsatz der neuen Verfahren gemeinsam festzulegen.

Als Systemdesigner müssen Sie entscheiden, wer und wie viele Personen ausgebildet werden sollen. Selbst bei kurzer Ausbildungszeit ist nicht selten die Schulung einer großen Personenzahl von Nutzen. Im Verlauf des Projekts an der Bryant High School nahmen mehr als 3000 Schüler an den Seminaren zur Schlichtung und gewaltlosen Problemlösung teil. Das Ergebnis: Kam irgendwo ein Streit auf, waren fast immer mehrere Schüler zur Stelle, die den Streitfall mittels eines problemlösenden Ansatzes beilegen konnten. Selbst die Parteien, die von ihrer Persönlichkeit her für eine an Interessen orientierte Verhandlung ungeeignet scheinen, profitieren von der Ausbildung.

Lesen wir die Geschichte von »Heavy«, die uns ein Systemdesigner erzählte:

Das erste Gefängnis, in dem wir in New York gearbeitet haben, war ein großes Hochsicherheitsgebäude, in dem ein paar Tausend Männer eingesperrt waren. Einer der Männer – er saß auch im Planungsausschuß und wurde später Ausschußmitglied – war ein Typ namens Heavy. Ich kann mich an seinen Vornamen gar nicht mehr erinnern, aber alle haben ihn Heavy genannt, weil er einfach nur dasaß. Ich weiß nicht, wie intelligent Heavy war. Er war ein Koloß mit einem gewaltigen Temperament, von dem wir übrigens auch etwas zu spüren bekamen, und er war immer sehr schnell mit den Fäusten dabei. Als wir mit unserer Arbeit anfingen, wurde auch Heavy ausgebildet. Einige Zeit danach sagte ein Sachbearbeiter: »Ich glaub's einfach nicht. Gestern hatte Heavy mit jemandem eine Auseinandersetzung und ich dachte, er macht ihn fertig. Aber Heavy hat einfach nur mit ihm geredet!« Ich weiß nicht, wieviel davon der Ausbildung zuzuschreiben ist, aber der Typ, der mit uns gesprochen hat, hat gemeint, Heavy hätte gelernt, daß er Menschen nicht fertigmachen, sondern mit ihnen reden muß und trotzdem etwas erreichen kann.

Als Systemdesigner erreichen Sie Kontinuität, indem Sie ein fortlaufendes Programm einführen, immer mehr Personen mit dem System vertraut machen und diese so ausbilden, daß sie daran teilnehmen können. Trotz Schlichterwechsel behielten beispielsweise Schüler und Nachbarn ihre Strategien aus dem erlernten Schlichtungsprogramm bei; dies gelang, da sie regelmäßig eine große Zahl von Schlichtern ausgebildet hatten, so daß »neue« auf die Erfahrung der »alten« zurückgreifen konnten.

Fortbildung. Im Idealfall schult der Systemdesigner die Streitparteien schon während ihres Konflikts, indem er die Interessen bestimmt, Wahlmöglichkeiten bietet und Tauschgeschäfte in Erwägung zieht. Nach den Verhandlungen sollte der Systemdesigner die Teilnehmer beraten und ihnen Feedback über ihre Vorgehensweise geben. Der Beistand kann persönlich oder telefonisch erfolgen. Sie sollten jedoch bedenken, daß diese Art von Hilfe mit zwei Risiken verbunden ist. Man kann Sie für befangen halten, und Sie können in Versuchung geraten, den Streit selbst zu schlichten. Diese Risiken können jedoch dadurch abgebaut werden, daß Sie Ihre Dienste allen Parteien zur Verfügung stellen und vermeiden, einseitig zu den wesentlichen Aspekten des Streitfalls einen Rat zu geben.

Abschiednehmen, Bewertung und Verbreitung

Rechtzeitig Abschied nehmen

Hilfe, Motivation zur Benutzung der neuen Verfahren und die Anpassungsprozesse an den Entwurf machen manche Parteien abhängig vom Systemdesigner. Es kommt der Zeitpunkt, an dem Sie gehen müssen und das neue System auf eigenen Füßen stehen muß. Wägen Sie daher sorgfältig die Vorteile, die Ihre Kontrolle während der Inbetriebnahme des Systems mit sich bringt, gegen die Nachteile, z. B. die Gefahr der Abhängigkeit, ab. In Caney Creek vergaß Ury manchmal, daß er nicht verhandeln, sondern die Parteien bei der Umsetzung eines neuen Konfliktlösungssystems unterstützen sollte. Geben Sie Veränderungen eine Chance! So wird man den Parteien zwar sicherlich gelegentlich unter die Arme greifen, in den meisten Fällen sollte man sie jedoch ruhig ihre Erfahrungen selbst machen lassen.

Aus der Bewertung lernen

Mit Hilfe der Bewertung soll festgestellt werden, ob die Veränderungen wie geplant funktionieren. Sind die Kosten des Konflikts gesenkt worden? Sind die Vorteile erfaßt? Gibt es unbeabsichtigte Folgen? Die Bewertung hilft dem Systemdesigner, die Veränderungen fein aufeinander abzustimmen. Außerdem ist es wichtig, daß ein Systemdesigner bei der Verbreitung der neuen Verfahren so viel wie möglich aus den ersten Experimenten lernt. Die Bewertung konzentriert sich auf drei Fragen:

1. *Funktioniert das neue System?* Liegen die Transaktionskosten niedriger? Sind die Parteien mit den Ergebnissen zufriedener als zuvor? Hat sich die Qualität der Beziehungen verbessert? Zu welchen Veränderungen hat das neue System geführt? Die Bewertung sucht auch nach vorhergesehenen und unvorhergesehenen Folgen der Intervention.
2. *Wo stoßen die Veränderungen an ihre Grenzen?* Unter welchen Bedingungen werden sie funktionieren? Auch wir sind beispielsweise bei dem Schlichtungsprogramm für Beschwerden davon ausgegangen, daß sogar erfahrene Schlichter beträchtliche Kenntnisse als Schiedsrichter mitbringen müssen, um erfolgreich zu sein. Die Bewertung hat jedoch ergeben, daß unerfahrene Schlichter als Schiedsrichter genauso erfolgreich waren wie erfahrene.
3. *Warum funktionieren die Veränderungen?* Welche Faktoren machen den Erfolg aus? Es kann sein, daß das neue System aus ganz anderen Gründen funktioniert, als Sie zunächst angenommen hatten. Diese Erkenntnisse helfen Ihnen, Ihre Theorie neu zu überdenken

und Ihre zukünftige Arbeit zu verbessern. Bei der Beurteilung unseres Schlichtungsprogramms fanden wir zu unserer Überraschung heraus, daß die Senkung der Transaktionskosten für die Gewerkschaften am wichtigsten war, während den Arbeitgebern eine Verbesserung der Beziehung am meisten am Herzen lag. Also haben wir bei unseren Bemühungen, die Akzeptanz der Schlichtung für Beschwerden zu vergrößern, ersteres stets bei den Gewerkschaften und letzteres bei den Arbeitgebern besonders herausgestellt.

Wer sollte die Bewertung vornehmen? Eine Bewertung sollte erfolgen, noch während das Programm läuft. Da der Systemdesigner mit dem Projekt vertraut ist und seine Ziele besser als jeder andere kennt, ist er womöglich zu befangen und somit nicht in der Lage, Verbesserungsmöglichkeiten zu finden. Einen Außenstehenden die Bewertung vornehmen zu lassen, dämmt zwar die Gefahr der Befangenheit ein, erhöht jedoch wesentlich die Kosten, wenn ein Großteil der Untersuchungen wiederholt werden muß, die der Systemdesigner bereits durchgeführt hatte.

Gleichgültig wer die Bewertung vornimmt, die Parteien sollten in jedem Falle aktiv daran teilnehmen, denn sie können am besten die positiven und negativen Auswirkungen der Veränderung beurteilen. Ihre Teilnahme an der Bewertung wird auch ihrer Fähigkeit zugute kommen, sich selbst zu beurteilen, und ihnen helfen, Probleme frühzeitig auszumachen. Wenn die Parteien erkennen lernen, wann Verfahren nicht funktionieren, können sie die Verbesserungen am System selbst vornehmen und letztendlich völlig auf die Hilfe des Systemdesigners verzichten.

Wie genau muß die Bewertung sein? Eine Bewertung kostet Zeit und Geld, aber wenn Sie die Absicht verfolgen, das Programm auf andere Bereiche auszudehnen, werden Sie exakte Daten benötigen, um den Skeptikern in Ihrem neuen Tätigkeitsbereich begegnen zu können. Solche Daten sind für unsere Bemühungen bei der Verbreitung des Schlichtungsverfahrens für Beschwerden von großer Bedeutung gewesen. Wir könnten unbegrenzt weiter berichten von der Fähigkeit der Schlichtung, Konflikte zu bewältigen, aber nichts ist überzeugender als folgende Tatsache: Von den ersten 1000 Streitfällen wurden 850 beigelegt.

Wie finden die Verfahren Verbreitung?

Die gebräuchlichste Form der Verbreitung ist die Nachahmung – die Übertragung eines Verfahrens von einem Ort an einen anderen (Walton 1977). Diese Methode erfolgt im wesentlichen horizontal durch die wichtigsten Ebenen einer Organisation. Wir haben diese Strategie bei der Verbreitung des Schlichtungsverfahrens für Beschwerden angewandt. Goldberg hat das Schlichtungsverfahren auf Konferenzen vorgestellt, Artikel für interne Firmenzeitungen geschrieben und mehrere persönliche Treffen dazu genutzt, um Gewerkschaften und Unternehmen den Prozeß zu erläutern. Als einfachere und weniger zeitraubende Alternative erweist sich die Verbreitung von Veränderungen auf vertikaler Ebene innerhalb einer Organisation oder eines Industriezweigs. Die Tarifvereinbarungen eines Arbeitgebers mit einer großen Anzahl von Beschäftigten können Veränderungen bewirken, die sich auf ein einziges Unternehmen oder auf einen ganzen Wirtschaftszweig ausdehnen können.

Auch Regierungsmaßnahmen tragen zur Verbreitung bei. Um den Gebrauch von gerichtlich angeordneten Schiedsverfahren anzuregen, haben einige Staaten Gesetze eingeführt, die zu Schiedsverfahren ermächtigen, und sogar der Kongreß hat Geldmittel für Pilotprogramme an Bundesgerichten bewilligt. Ferner hat der Kongreß Staaten angewiesen, ein Ombudsmann-Programm für Bewohner von Altersheimen einzuführen.

Wie auch immer die Verbreitung vor sich geht, der Systemdesigner muß stets bedenken, ob ein Modell, das für eine bestimmte Beziehung, Gemeinde oder Einrichtung entworfen wird, sich auch erfolgreich auf andere Bereiche übertragen läßt. Ein Verfahren, das in einem Bereich funktioniert, läßt sich nicht zwangsläufig auf einen anderen übertragen. Es sei denn, Motivation, Fertigkeiten und Mittel sind vergleichbar. Auch das Umfeld übt Einfluß aus: Funktioniert ein Verfahren in einem Kulturkreis, so führt es in einem anderen nicht unbedingt zum Erfolg. Rechtsverfahren können in einem Kulturkreis, in dem Anpassung sehr geschätzt wird, weniger erfolgreich sein, und umgekehrt können interessenausgleichende Verhandlungen in einem stark auf Recht und Unrecht ausgerichteten Kulturkreis weniger erfolgreich sein.

Schlußfolgerung

Im Umgang mit den Konfliktparteien spielen Sie als Systemdesigner zusätzlich zu den Rollen des Experten, Schlichters und Unterhändlers noch die Rollen des Lehrers, des Statistikers und Wanderpredigers. Sie fungieren als Experte, wenn Sie das bestehende System analysieren und mögliche Alternativen in Erwägung ziehen. Als Schlichter versuchen Sie Vereinbarungen zu Systemänderungen zu erzielen. Sie verhandeln mit den Konfliktparteien, um sie von der Annahme der Veränderungsvorschläge zu überzeugen. Indem Sie den Parteien zu Anfang helfen, das neue System zu benutzen, wirken Sie aufgrund der Zusammenarbeit als Lehrer. Sie unterstützen sie dabei, ihre Fertigkeiten zu entwickeln, muntern sie auf, wenn Vereinbarungen nicht erzielt werden können. Durch die Systembewertung helfen Sie darüber hinaus den Parteien festzustellen, wie gut es funktioniert und welche Anpassungen durchgeführt werden sollten. Bei der Verbreitung spielen Sie als Systemdesigner wiederum eine andere Rolle – die des Wanderpredigers. In der folgenden Fallstudie haben Sie nun die Möglichkeit, alle diese Rollen zu spielen.

Teil 2

Konfliktlösungssysteme entwickeln:

Fälle aus der Kohleindustrie

In den folgenden drei Kapiteln beschreiben wir unsere Erfahrungen in der Kohleindustrie, die den Rahmen für unsere Konfliktlösungssysteme gebildet haben. Das 5. Kapitel berichtet eingehend über unsere Untersuchung der wilden Streiks, die die Kohleindustrie in den 70er Jahren erschüttert haben. Das 6. Kapitel erörtert unsere Handlungsweisen in dem von Arbeitskämpfen heimgesuchten Bergwerk Caney Creek. Dort waren wir zum erstenmal als Systemdesigner tätig und führten eine Untersuchung durch, um ein weniger kostspieliges System zu entwickeln und den Parteien zu helfen, die vereinbarten Veränderungen einzuführen. Im 7. Kapitel wenden wir uns wieder der Kohleindustrie im allgemeinen zu und beschreiben unsere Ansätze, Streitfälle in der Kohleindustrie sowie in anderen Bereichen zu schlichten, indem wir ein auf Interessenausgleich basierendes Verfahren entwickelten und einführten.

Beim Lesen dieser Kapitel ist es wichtig, sich stets in Erinnerung zu rufen, daß wir während unserer Arbeit einem Lernprozeß unterlagen. Und so wird der Leser, wie auch wir, eine Reihe von Fällen entdecken, in denen wir interessante Erfahrungen machten. Wir haben die Fälle nicht geschönt, um einen möglichst unverfälschten Eindruck zu vermitteln. Vielleicht kann der Leser so – ähnlich wie wir – aus den Fehlern lernen. Er wird am meisten aus unseren Fehlern lernen, wenn er sich immer wieder fragt: Warum haben die Akteure so gehandelt? Was wollten sie damit erreichen? Gibt es einen besseren Weg, um zu diesem Ergebnis zu kommen?

5. Kapitel

Die Probleme eines Industriezweigs untersuchen

Wilde Streiks in Kohlebergwerken

Im November 1973 wurde das Bergwerk Red Arrow wegen eines wilden Streiks geschlossen – der sechste in sechs Monaten. Der Grund für den Streik war nicht eindeutig, die Bergarbeiter hatten sich über fehlendes heißes Wasser in den Waschräumen beklagt. Der Leiter des Bergwerks reagierte prompt. Er entließ den Bergarbeiter, der unter Verdacht stand, den Streik angezettelt zu haben, und setzte die Gewerkschaft davon in Kenntnis, daß Diskussionen über heißes Wasser in Waschräumen erst fortgesetzt würden, wenn der Streik beendet sei. Die Bergarbeiter bekundeten, erst dann an ihren Arbeitsplatz zurückzukehren, wenn der entlassene Bergarbeiter wieder eingestellt würde. Um Druck auf das Unternehmen auszuüben, zogen vor anderen Bergwerken desselben Unternehmens Streikposten auf, um auch hier die Bergarbeiter zur Arbeitsniederlegung zu bewegen. Der Streik und das Aufstellen von Streikposten wurden drei Tage lang fortgesetzt, bis das Unternehmen einen Bundesrichter überreden konnte, eine Verfügung zu erlassen, kraft derer die Bergarbeiter an ihren Arbeitsplatz zurückkehren mußten. Die Bergarbeiter fügten sich nur widerwillig. Sechs Monate später wies ein Schiedsrichter die Beschwerde des Bergarbeiters, der eine Wiedereinstellung zu erreichen suchte, ab, und die Bergarbeiter traten aus Protest erneut in Streik.

Red Arrow ist zwar ein fiktives Bergwerk, aber die Folge von Ereignissen – Beschwerde, erfolglose Verhandlungen, Streik, Entlassung, Aufstellen von Streikposten, gerichtliche Verfügung, an den Arbeitsplatz zurückzukehren, schiedsrichterliche Entscheidungen gegen den Bergarbeiter, erneuter Streik – traten Mitte der 70er Jahre in den Kohlebergbaugebieten immer wieder auf. Von 1971 bis 1974 kam es zu durchschnittlich 1500 Streiks pro Jahr. Von 1975 bis 1977 hat sich die Rate mit mehr als 3000 Streiks pro Jahr verdoppelt. Niemand schien zu wissen, welche Maßnahmen man gegen die Arbeitskämpfe ergreifen sollte. Tatsächlich verstand niemand, warum die Bergarbeiter auf die Straße gingen, konnten sie doch einen vorgeschriebenen Beschwerdeweg nutzen, der schließlich im Schiedsverfahren seinen Höhepunkt fand. Dieses Kapitel beschreibt unsere Studie über wilde Streiks, die, wie sich erst später herausstellte, den ersten Schritt in der Entwicklung zum Systemdesigner darstellte. Die Ergebnisse der Studie lieferten die Grundlagen für viele Empfehlungen, die wir in Caney Creek abgaben, sowie für die Übernahme des Schlichtungsverfahrens in den Beschwerdeweg der Kohleindustrie.

Als wir unsere Arbeit aufnahmen, waren wir nicht bewußt als Systemdesigner tätig. Unser Hauptinteresse galt vielmehr der empirischen Forschung. Wir wollten nur Tatsachen ergründen und nicht potentielle Lösungsansätze entwickeln und vorstellen.

Die Untersuchung

Das Umfeld des Konflikts

Wir wußten, daß die Bergarbeiter in vielen Ländern für Streiks anfällig waren und daß in der Bergarbeitergewerkschaft wilde Streiks eine lange Tradition hatten. Dennoch überraschte uns die Streikwelle, denn schließlich sah der Tarifvertrag der Bergarbeiter ein endgültiges und verbindliches Schiedsverfahren vor, das einen Streik unnötig machen sollte.

Die Bergarbeiter traten auch deshalb in Streik, weil das überlastete Schiedsverfahren nicht effektiv genug war, um die ihnen vertraglich zugesicherten Rechte zu schützen. Eine Studie von 1972 schreibt das Streikproblem der übermäßigen Verzögerung der Schiedsverfahren zu (Dix u. a. 1972). Diese Antwort schien uns allerdings zu einfach. Das überlastete System war langsam, aber nicht langsamer als andere, seltener benutzte Systeme in Industriezweigen, die nicht von wilden Streiks heimgesucht wurden.

Lokale Unterschiede in der Streikhäufigkeit feststellen

Um das Streikproblem lösen zu können, mußten wir zuerst feststellen, ob die Streikhäufigkeit von Bergwerk zu Bergwerk variierte. Waren Unterschiede auszumachen, so wollten wir versuchen, ihre Ursachen aufzuzeigen. So wurden 1975 in elf Bergwerken eines Unternehmens keine Streiks verzeichnet, in zwei Bergwerken je elf Streiks und in einem Bergwerk des Unternehmens sechzehn Streiks.

Das Umfeld der Konflikte in Bergwerken unterschiedlicher Streikrate

Anschließend haben wir das Umfeld der Konflikte in Bergwerken mit hoher und niedriger Streikrate untersucht. Eine Theorie besagt, daß Streiks die Unzufriedenheit der Bergarbeiter mit den Lebens- und Arbeitsbedingungen widerspiegeln. Diese Ansicht ließ sich jedoch nicht belegen. Weder befanden sich Bergwerke mit hoher Streikrate vorwiegend in der abseits gelegenen Appalachenregion, in der der Lebensstandard besonders niedrig ist, noch handelte es sich vorwiegend um Bergwerke, in denen die Produktion besonders hoch oder der Sicherheitsstandard besonders niedrig war. Auch unterschieden sich die Arbeitsbedingungen unter Tage (gasreich, naß, niedrige Decke) nicht von Bergwerken mit niedriger Streikrate.

Unser nächster Schritt bestand darin, vier Bergwerke auszusuchen, die von zwei unterschiedlichen Unternehmen geleitet wurden, jedoch alle in demselben Gewerkschaftsdistrikt lagen. Von jedem Unternehmen wählten wir jeweils ein Bergwerk aus, in dem Arbeitskämpfe häufig stattfanden, und ein Bergwerk, in dem sie selten vorkamen. Wir befragten in jedem Bergwerk den Leiter, den Manager, den Personalchef, den Arbeitsdirektor, alle örtlichen Gewerkschaftsfunktionäre und etwa dreißig ausgeloste Bergarbeiter. Wir wollten in Erfahrung bringen, ob die Parteien aus Bergwerken mit niedriger Streikrate andere Konfliktstrategien benutzten als die aus Bergwerken mit hoher Streikrate und ob ihre Motivation, ihre Handlungsweisen und ihre Fähigkeiten, verschiedene Konfliktstrategien anzuwenden, voneinander abwichen.

Konfliktlösung im Bergwerk. Der Manteltarifvertrag für Bergarbeiter beinhaltet einen vierstufigen Beschwerdeweg (ein vorgeschriebenes Konfliktlösungssystem, bestehend aus vier Verfahren). Auf der ersten Stufe legt der Bergarbeiter die Beschwerde seinem Vorarbeiter vor, der vierundzwanzig Stunden Zeit hat, auf die Beschwerde zu reagieren. Ist der Bergarbeiter mit der Antwort des Vorarbeiters nicht zufrieden, kann er im nächsten Schritt das Bergarbeiterkomitee bitten, die Beschwerde mit dem Manager oder Leiter des Bergwerks zu erörtern. Gewöhnlich nehmen der Kläger und der Vorarbeiter an diesen Treffen, die innerhalb von fünf Arbeitstagen nach Entscheidung des Vorarbeiters stattfinden müssen, teil. Kommen Bergarbeiterkomitee und Unternehmensleitung zu keiner Übereinkunft, geht die Beschwerde in die dritte Stufe, d. h. es findet innerhalb von sieben Arbeitstagen ein Treffen zwischen einem Gewerkschaftsfunktionär des Distrikts (jeder Bergarbeiter gehört einer lokalen Gewerkschaft an; eine Gruppe von lokalen Gewerkschaften in demselben geographischen Gebiet bilden einen Distrikt) und einem Vertreter der Arbeitgeberseite (häufig jemand, der nicht in demselben Bergwerk angestellt ist) statt. Wird keine Übereinkunft erzielt, kann die Gewerkschaft mit der Beschwerde in die vierte Stufe, d. h. vor ein Schiedsgericht gehen. Dort wird dann eine endgültige und verbindliche Entscheidung gefällt. Wir fanden heraus, daß trotz dieses standardisierten Verfahrens Konflikte in Bergwerken mit hoher Streikrate auf andere Weise beigelegt wurden als in Bergwerken mit niedriger Streikrate. Die Unterschiede schlossen ein: die Stufe, auf der eine endgültige Lösung gefunden wurde; den für die Verhandlungen gewählten Ansatz, die Aufmerksamkeit, die auf die Konfliktvermeidung gerichtet war, und die Verfügbarkeit von »Loop-back«-Verfahren.

Beilegung auf der niedrigsten Stufe. Auf der ersten Stufe des Beschwerdewegs legt ein Bergarbeiter bei seinem Vorarbeiter eine Beschwerde ein. Nach Angaben der Bergarbeiter in den Bergwerken mit niedriger Streikrate fanden die Vorarbeiter für viele Probleme selbst eine Lösung. In den Bergwerken mit hoher Streikrate war dies nicht der Fall.

Eine auf Interessenausgleich zielende Konfliktlösung. Auf der zweiten Stufe des Beschwerdeverfahrens findet eine Verhandlung zwischen dem Bergarbeiterkomitee und dem Manager oder Leiter des Bergwerks statt. In Bergwerken mit hoher Streikrate wurde diese Stufe häufig nur pro forma benutzt. Der Leiter eines Bergwerks mit hoher Streikrate beschrieb seine Maßnahmen folgendermaßen: »80 bis 90 Prozent der Beschwerden haben keine vertragliche Grundlage. Ich sage dem Bergarbeiterkomitee, sie sollen alles genau aufschreiben und in die dritte Stufe gehen.« Ein Mitglied des Bergarbeiterkomitees bestätigte dies: »Jedesmal sagen sie: ›Gut, wir bringen es vor's Schiedsgericht.‹ Sie wollen die Sache gar nicht vor Ort klären, so wie wir es eigentlich machen sollten.« In Bergwerken mit hoher Streikrate wurden so aus den Beschwerden Rechtsfälle, weil die örtliche Betriebsleitung nicht bereit war, sich an Ort und Stelle auf eine Lösung zu verständigen. Die Betriebsleitung in Bergwerken mit niedriger Streikrate ging völlig anders vor. Die Geschichte mit den gestohlenen Stiefeln (vgl. 1. Kapitel) wurde uns von dem Leiter eines Bergwerks mit niedriger Streikrate erzählt. Obgleich der Bergarbeiter kein vertraglich zugesichertes Recht auf neue Stiefel hatte, bezahlte der Leiter des Bergwerks in der Vergangenheit immer dann die Stiefel für die Bergarbeiter, wenn es im Interesse des Unternehmens lag. Und er hätte es auch in dem Fall mit den gestohlenen Stiefeln getan. Als der Leiter des Bergwerks uns diese Geschichte erzählte, deutete er an, daß der Vorarbeiter sich in diesem Falle nur auf die Rechtsfrage konzentriert habe und somit für den wilden Streik mitverantwortlich sei.

Prävention von Konflikten. Die Leiter von Bergwerken mit niedriger Streikrate benutzten eine Vielzal von Techniken, um Konflikte zu vermeiden. Sie trafen sich regelmäßig mit Vertretern des Bergarbeiterkomitees, um Maßnahmen, die die Betriebsleitung vorgeschlagen hatte und die die Bergarbeiter betrafen, anzukündigen oder zu diskutieren. In Bergwerken mit hoher Streikrate hingegen fanden Treffen zwischen den Leitern und Komitees nur unregelmäßig und pro forma statt. Die Leiter von Bergwerken mit niedriger Streikrate verbrachten auch einen beträchtlichen Zeitraum unter Tage. Dort waren sie für die Bergarbeiter nicht nur verfügbar, sondern auch bereit, mit ihnen über ihre Beschwerden zu sprechen. In Bergwerken mit hoher Streikrate gingen die höheren Führungskräfte nur selten unter Tage.

»Loop-back«-Verfahren. Ferner war es in Bergwerken mit niedriger Streikrate üblich, dem formalen Beschwerdeweg ein Schlichtungsverfahren anzugliedern, um so gleich Verhandlungen zu ermöglichen. In einem Bergwerk mit niedriger Streikrate ließ der Manager alle Beschwerden vor dem Treffen in der zweiten Stufe untersuchen. Diese Informationen verwendete der Bergwerksmanager dann bei der Beurteilung der Frage, wie berechtigt der von der Gewerkschaft erhobene Anspruch bzw. die Zurückweisung dieses Anspruchs durch untere Führungs-

kräfte war. Seiner Meinung nach verhinderte diese Information, daß das Treffen in der zweiten Stufe in einen Wettbewerb ausartete, in dem es einzig und allein darum ging, welcher Partei man mehr Glauben schenkte. In einem anderen Bergwerk mit niedriger Streikrate führte jeder Streitfall, der nicht in der zweiten Stufe beigelegt wurde, zu einem weiteren Treffen zwischen dem Kläger, dem Bergarbeiterkomitee, dem Leiter des Bergwerks sowie dessen Vorgesetzten (der an Treffen in der zweiten Stufe nicht teilnahm).

Kampf um Recht: Die Erfahrungen der Bergarbeiter mit dem Schiedsverfahren

Es ist keineswegs überraschend, daß in Bergwerken mit hoher Streikrate häufiger Beschwerden in die dritte Stufe kommen und ein Schiedsgericht angerufen wird als in Bergwerken mit niedriger Streikrate. Landesweit hatten die Bergarbeiter kein Vertrauen in das Schiedsverfahren. Sie beklagten sich über die Schwerfälligkeit des Verfahrens und über die Entscheidungen. Ein Bergarbeiter erklärte sein mangelndes Vertrauen in Schiedsrichter folgendermaßen: »Die Männer hatten keine Transportmöglichkeit in das Bergwerk, und so beschwerten sie sich. Der Schiedsrichter hat die Beschwerde abgewiesen. Später haben wir dann herausgefunden, daß er nicht einmal wußte, was ein ›Hund‹ (Förderwagen für Transporte im Stollen) ist. Die meisten Schiedsrichter haben noch nie ein Bergwerk von innen gesehen.« Das Vertrauen der Bergarbeiter in die Schiedsrichter wurde noch weiter erschüttert, weil ungefähr 40 Prozent der schiedsrichterlichen Entscheidungen, die von dem Arbitration Review Board überprüft worden waren, revidiert oder modifiziert wurden. Kompetenz war nicht das einzige Problem. Die Mehrheit der Bergarbeiter war der Meinung, daß sie einige Streitfälle verloren hatten, weil die Schiedsrichter befangen oder ungerecht waren. Zwei Drittel der von uns befragten Bergarbeiter glaubten, daß die Schiedsrichter Schmiergelder von Unternehmen annahmen.

Kampf um Macht: Die Motivation zum Arbeitskampf

Die Meinungen der Bergarbeiter über den Nutzen eines Arbeitskampfes wichen erheblich voneinander ab. Achtundzwanzig Prozent der Bergarbeiter in Bergwerken mit hoher Streikrate vertraten die Ansicht, daß ein Arbeitskampf notwendig sei, um die Unternehmensleitung zu bewegen, mit ihnen über ihre Probleme zu sprechen; nur drei Prozent der Bergarbeiter in Bergwerken mit niedriger Streikrate waren derselben Meinung. Und auch nur die Bergarbeiter in Bergwerken mit hoher Streikrate glaubten, daß Arbeitskämpfe imstande waren, Streitigkeiten zu ihren Gunsten beizulegen. Ein Großteil der Bergarbeiter in Bergwerken mit hoher als auch mit niedriger Streikrate erzählte uns, daß einige den Arbeitskämpfen zugrundeliegende Streitfragen es wert seien, auf die Straße zu gehen. Die Bergarbeiter nahmen an Arbeitskämpfen teil, weil es zum einen die Gewerkschaftstradition von ihnen verlangte – hilfst du heute einem Gewerkschaftsmitglied in seinem Kampf gegen die Unternehmensleitung, dann hilft er dir morgen in deinem – und zum anderen aus Angst vor Repressalien durch andere Gewerkschaftsmitglieder, falls sie sich nicht an dem Arbeitskampf beteiligten.

Einige unserer Annahmen erwiesen sich als falsch. Wir hatten ursprünglich gedacht, daß die Disziplinarmaßnahmen der Unternehmensleitung Streikwillige entmutigen würden, aber wir fanden heraus, daß Bergarbeiter weder in Bergwerken mit hoher noch mit niedriger Streikrate Disziplinarmaßnahmen fürchteten. Die stärkste Waffe eines Unternehmens, die Entlassung, stellte in den seltensten Fällen eine ernsthafte Bedrohung dar. Denn viele Schiedsrichter machten eine Entlassung aufgrund eines Arbeitskampfes rückgängig, es sei denn, die Unternehmensleitung konnte nachweisen, daß der entlassene Bergarbeiter zum Streik aufgerufen hatte. In der Regel hatte die Unternehmensleitung jedoch Schwierigkeiten, einen derartigen Beweis zu erbringen. Wir hatten auch angenommen, daß Disziplinarmaßnahmen der Gewerkschaft

Arbeitskämpfe verhindern könnten. Es wäre durchaus möglich gewesen, daß die lokale Gewerkschaftsführung in Bergwerken mit niedriger Streikrate so mächtig war, daß sie diese Macht benutzte, um Streikwillige zu entmutigen. Es stellte sich jedoch heraus, daß zwar alle örtlichen Gewerkschaftspräsidenten versuchten, Bergarbeiter von Arbeitskämpfen abzubringen, dabei aber keinen Gebrauch von internen Disziplinarmaßnahmen machten. Ein örtlicher für ein Bergwerk mit niedriger Streikrate zuständiger Gewerkschaftspräsident erklärte: »Die Männer sind die örtliche Gewerkschaft. Nur weil ich Präsident bin, habe ich noch lange keine Macht über sie. Ich kann ihnen nicht vorschreiben, was sie tun sollen.«

Die Kosten eines Konflikts

Obgleich wir keine exakte Analyse der Transaktionskosten vornahmen, können wir doch sagen, daß die während eines Streiks verbrauchten Mittel hoch waren. Für die Bergarbeiter waren die Kosten mit Einbußen von Löhnen und Firmenrabatten verbunden. Für die Unternehmen ergaben sich die Kosten aus Löhnen, die sie dem Personal (Führungskräften und Vorarbeitern) zu zahlen hatten, und aus Fixkosten. Für Bergarbeiter und Unternehmen entstanden langfristige Kosten aus Verträgen, die sie an verläßlichere Partner – besonders an nicht gewerkschaftlich organisierte Bergwerke – verloren.

Wie erwartet, war die Beziehung zwischen Gewerkschaft und Betriebsleitung in Bergwerken mit hoher Streikrate schlecht. Mitglieder des Bergarbeiterkomitees berichteten, daß die Unternehmensleitung nicht kooperativ sei und sich weigere, den Streit selbst bei berechtigtem Anspruch der Gewerkschaft beizulegen. Die Unternehmensleitung ihrerseits berichtete, daß das Bergarbeiterkomitee nicht kooperativ sei und seine Macht ausspiele. Derartige Aussagen waren in Bergwerken mit niedriger Streikrate wesentlich seltener. Die Positionen der Parteien zueinander sind das Produkt früherer Verhandlungen und

Arbeitskämpfe. Obgleich eine negative Haltung wahrscheinlich nicht unmittelbar einen Streik verursacht, beeinflußt sie doch die Einstellung zu und die Erwartung von Verhandlungen. In Bergwerken mit hoher Streikrate erwarten Unternehmensleitung und Gewerkschaftsführung eine feindselige Verhandlungsführung und entwickeln entsprechende Strategien. Mit der Zeit entwickelt die Erwartungshaltung der Parteien eine Eigendynamik und verhindert somit eine Verbesserung der Beziehungen.

Untersuchungsergebnisse

Besonders wichtig war die Entdeckung, daß sich häufige wilde Streiks durch eine enge Zusammenarbeit zwischen Gewerkschaftsführung und Betriebsleitung ausschließen ließen. Beide Parteien müssen versuchen, bereits auf der zweiten Stufe eine Vereinbarung auszuhandeln. Werden Verhandlungen nur pro forma durchgeführt, wird den Bergarbeitern dadurch eine Mitsprache bei der Konfliktbewältigung versagt. Damit erhöht sich die Gefahr, daß sie mit dem Ergebnis unzufrieden sein werden. Bei Verhandlungen auf der zweiten Stufe müssen beide Parteien vermeiden, ihre Aufmerksamkeit ausschließlich auf Rechtsfragen zu lenken, sondern müssen bereit sein, gemeinsam nach Lösungswegen zu suchen, die die Interessen beider Parteien berücksichtigen.

Überall zogen die Bergarbeiter eine Problemlösung ohne Hinzuziehung eines Schiedsgerichts vor. Obgleich besonders in Bergwerken mit hoher Streikrate viele Beschwerden vor ein Schiedsgericht kamen, mangelte es den Bergarbeitern an Vertrauen in das Schiedsverfahren. Es machte aus ihnen passive Zuschauer, die einem Vertreter zuhörten, der den Zusammenhang zwischen dem Tarifvertrag und ihrer Beschwerde herzustellen suchte. Die Tatsache, daß sie von einem Schiedsverfahren kein zufriedenstellendes Ergebnis erwarteten, kam noch erschwerend hinzu. Ein Arbeitskampf hingegen bot ihnen die Möglichkeit, ihren Gefühlen Luft zu machen, und zwang so manche unzugängliche Bergwerksleitung an den Verhandlungstisch. Mit einem Streik konnten die Bergarbeiter sich Gehör verschaffen und einige zufriedenstellende Ergebnisse erzielen – beides blieb ihnen in der zweiten Stufe und vor einem Schiedsgericht versagt.

Entwurf: Änderungsvorschläge

Wir fragten uns anschließend, wie eine hohe Streikrate in einem Bergwerk gesenkt werden kann. Dazu gaben wir eine Reihe von Empfehlungen ab und dachten dabei niemals, daß wir eines Tages die Gelegenheit hätten, unsere Vorstellungen in Caney Creek zu verwirklichen. Als wir die Empfehlungen abgaben, hatten wir die Rolle des rein sozialpolitisch tätigen Wissenschaftlers, der Daten sammelte, analysierte und publizierte, aufgegeben. Da wir die Studie und die Daten besser kannten als irgendein anderer, entschieden wir uns, selbst Empfehlungen abzugeben. Wir hielten uns dennoch damals nicht für Systemdesigner. Wir unternahmen nichts, um die Parteien zur Annahme unserer Empfehlungen zu überreden. Auch boten wir nicht an, uns an der Durchführung etwaiger Veränderungen zu beteiligen.

Konfliktlösung im Bergwerk

Wir nahmen uns zunächst die Literatur über Konfliktlösung vor. Eine Methode, »interpersonal peacemaking« (zu deutsch: interpersonaler Friedensschluß) genannt, führt eine dritte Partei ein, die den Konfliktparteien hilft, sich mit dem Konflikt direkt auseinanderzusetzen und ihn zu bewältigen (Walton 1969). Allerdings kamen wir zu der Überzeugung, daß diese Methode im großen Umfang kaum durchführbar war; denn es hätte in jedem Bergwerk, zumindest bis neue Wege für den Umgang miteinander gefunden worden wären, eine dritte Partei erfordert. Wir wollten nur Veränderungen empfehlen, die die Parteien ohne Hilfe Dritter durchführen konnten.

Eine andere Methode, »intergroup training« (zu deutsch: Training zwischen Gruppen) genannt, baut bei der Konfliktbewältigung auch auf eine dritte Partei. Neue Ansichten und Einstellungen entstehen durch die Ausbildung in den Werkshallen. Wir selbst standen dieser Methode skeptisch gegenüber, da ein Großteil der Literatur aufzeigte, daß Einstellungen, die während der Ausbildung in den Werkshallen verändert wurden, sich nicht generell auf andere Arbeitsplätze übertragen lassen. Wir kamen immer mehr zu der Überzeugung, daß die Bergwerksleitung und die Gewerkschaftsfunktionäre nicht nur ihre Einstellung ändern, sondern völlig neue Verhaltensweisen zeigen mußten – denn es bedarf neuer Fertigkeiten, damit neue Verfahren funktionieren, und es bedarf der Motivation und der Befähigung, um diese Verfahren auch zu benutzen. Es war naiv zu glauben, daß die Parteien in den hitzigsten und feindseligsten Konflikten, selbst mit der richtigen Einstellung, wüßten, wie sie problemlösende, interessenorientierte Verhandlungen durchführen sollten. Konnten wir Bergarbeiter und Bergwerksleitung davon überzeugen, eine problemlösende Methode anzuwenden, würde sich, so unsere Überzeugung, die Einstellung entsprechend ändern. Wie aber überzeugt man die Parteien von solch einer Methode?

Die Aufgaben der Betriebsleitung. Zuerst mußte die Betriebsleitung angeregt werden, sich mit Konflikten vor Ort auseinanderzusetzen, anstatt in die dritte Stufe zu gehen oder ein Schiedsgericht anzurufen. Unserer Meinung nach würden die Chancen für eine auf Interessenausgleich zielende Lösung steigen, wenn sich die direkt Betroffenen mit den Streitigkeiten befaßten. Wir gaben zwei Empfehlungen ab: Die erste Empfehlung setzte den Akzent auf Motivation. Wir rieten den Unternehmen, über die Führungskräfte ein Streikprotokoll zu führen und dies zu einem wichtigen Bestandteil ihrer Arbeitsbewertung zu machen. Wenn, so unsere Vermutung, den Managern bekannt war, daß ihr Verhältnis zu den Bergarbeitern bewertet wurde, würden sie eher motiviert sein, Zeit und Aufmerksamkeit auf diese Beziehung zu richten. Sie würden zwar nicht alle Streitigkeiten beilegen, sich aber doch verhandlungsbereiter zeigen und mehr auf Interessen und Rechtspositionen im Konfliktfall eingehen. Wir schlugen weiterhin vor, den Vorarbeitern mehr Entscheidungsbefugnis zur Konfliktlösung einzuräumen; um sie zu motivieren, diese Entscheidungsbefugnis auch auszuüben, sollte ihr Beschwerdeprotokoll zum Bestandteil ihrer Arbeitsbewertung gemacht werden.

Unsere zweite Empfehlung befaßte sich mit einem organisatorischen Problem. Wir wollten die Personalpolitik von der Leitung des Bergwerks trennen. In den untersuchten Bergwerken war der Leiter sowohl für die Personalpolitik als auch für die Leitung des Bergwerks verantwortlich. Durch die Trennung dieser beiden Bereiche sollte der Beziehung zwischen den Sozialpartnern mehr Aufmerksamkeit geschenkt werden. Die Leistung des für die Personalpolitik zuständigen Managers würde natürlich nach der Qualität der Beziehungen im Bergwerk beurteilt werden. Auswahlkriterien für diese Tätigkeit wären dann eher das Geschick im Umgang mit Menschen und die Verhandlungsfertigkeit als die Fähigkeit, ein Bergwerk zu leiten.

Im nachhinein betrachtet, berücksichtigte keiner dieser Vorschläge ausreichend die Gegebenheiten in der Kohleindustrie. Der erste Vorschlag sah Veränderungen in der Arbeitsbewertung vor; tatsächlich stand aber nur wenigen Kohleunternehmen ein solches Bewertungssystem zur Verfügung, das hätte verändert werden können. Ferner hatten wir nicht mit dem Widerstand vieler Bergwerksmanager gerechnet, die sich dagegen wehrten, für Streiks verantwortlich gemacht zu werden. Viele Manager äußerten die Ansicht, Streiks lägen jenseits ihrer Kontrolle, und wollten daher ihre Personalverantwortung nicht abgeben. Wir hatten den Fehler gemacht, die Parteien nicht in die Ausarbeitung der Empfehlungen einzubeziehen. Sie hätten uns sicher auf die Schwächen unserer Vorschläge aufmerksam gemacht und uns vielleicht geholfen, bessere Ansätze zu entwickeln. Wir hielten uns zu dem Zeitpunkt nicht für Systemdesigner mit Verantwortung für die Verwirklichung unserer Vorschläge.

Wir sorgten für eine weite Verbreitung unserer Studie über wilde Streiks. Die Reaktionen waren allerdings nur mäßig. Wir informierten die Kohlekommission beim Präsidenten über wilde Streiks. Aber außer Caney Creek bot uns kein Unternehmen und keine lokale Gewerkschaft an, mit Bergarbeiterkomitees oder Managern zusammenzuarbeiten. In Caney Creek dienten unsere Ergebnisse der Ursachen von wilden Streiks als Grundlage für unsere Untersuchungen; viele unserer Empfehlungen aus der Studie über wilde Streiks wurden so in Caney Creek verfeinert und erprobt. Diese Studie war also unser erster, unsicherer Versuch als Systemdesigner.

6. Kapitel

Ein kostengünstiges Konfliktlösungssystem entwickeln

Verbesserungen in einem häufig bestreikten Kohlebergwerk

Im März 1980 hatte der Konflikt zwischen den Arbeitern und der Betriebsleitung im Bergwerk Caney Creek gewaltige Ausmaße angenommen. 27 wilde Streiks hatten die Bergarbeiter in den vorangegangenen drei Jahren durchgeführt. Die Betriebsleitung hatte mit Entlassungen reagiert und die Gewerkschaft wegen Vertragsbruch vor Gericht gebracht. Schließlich wurden 115 Bergarbeiter über Nacht im Gefängnis festgehalten. Das führte allerdings keineswegs zu einem Ende des Konflikts, sondern vielmehr zu einer Welle von Bombendrohungen, Sabotageakten und Diebstählen. Schließlich kamen die Bergarbeiter sogar mit Gewehren zur Arbeit. Damals war Caney Creek wahrscheinlich das am meisten von Arbeitskämpfen heimgesuchte Bergwerk.

Die Betriebsleitung war ratlos und zog ernsthaft in Erwägung, das Bergwerk zu schließen. Im März wurde zur Warnung ein Drittel der Arbeiter entlassen. Diese Maßnahme war schwerwiegend und beunruhigte die leitenden Gewerkschaftsfunktionäre des Distrikts zutiefst. Sie fürchteten außerdem, daß bei erneuter Inhaftierung der Bergarbeiter im gesamten Land Bergarbeiter in Sympathiestreiks treten würden. Sie hatten jedoch wenig Einfluß auf die örtliche Gewerkschaft. Die meisten leitenden Gewerkschaftsfunktionäre und Manager stimmten darin überein, daß es äußerst schwierig war, die Situation in den Griff zu bekommen.

Genau zu diesem Zeitpunkt wurden wir gebeten, mit der Gewerkschaft und der Geschäftsführung das Problem der wilden Streiks zu erörtern. Unsere Beratung erstreckte sich über sechs Monate. Wir untersuchten den Konflikt, entwickelten mit den Parteien ein Programm und wirkten aktiv an dessen Durchführung mit. Unser Ziel war es, die Vorgehensweise bei der Bewältigung von Konflikten zu ändern, so daß sie auf zufriedenstellendere Weise und für beide Seiten möglichst kostengünstig gelöst wurden. Kurz – wir waren als Systemdesigner tätig.

Startphase

Gegen Ende Februar 1980 erhielt Goldberg einen Telefonanruf vom Präsidenten des Gewerkschaftsdistrikts, zu dem Caney Creek gehört, sowie von dem für die Personalpolitik verantwortlichen Manager des Kohleunternehmens, das Caney Creek leitete.

Die Parteien wandten sich an uns, eine dritte Partei, als letzten Ausweg. Gewerkschaft und Geschäftsführung waren in eine Sackgasse geraten, deren Auswirkungen alle Beteiligten schmerzlich zu spüren bekamen. Keine Partei konnte gewinnen, die Situation drohte vielmehr nur noch schlimmer zu werden. Beide Seiten zeigten jedoch ein eindeutiges Interesse daran, das Bergwerk auch weiterhin in Betrieb zu halten.

Als wir uns mit dem Fall befaßten, stellten wir fest, daß die Motive der Parteien, uns um Hilfe zu bitten, komplex und unterschiedlich waren. Weder die örtlichen Gewerkschaftsfunktionäre noch die örtlichen Manager – die eigentlichen Streitparteien – waren der Meinung, daß sie Hilfe von außen benötigten. Wir waren ihnen von Vorgesetzten und Verbündeten, die die Kosten des Konflikts zu spüren bekamen, jedoch selbst nicht stärker aktiv werden wollten, aufgezwungen worden. Die Gewerkschaftsfunktionäre des Distrikts hatten die Bergarbeiter vor einem Streik gewarnt, jedoch mit nur geringem Erfolg. Zu berücksichtigen ist hier, daß diese Funktionäre gewählt werden und daher nicht gewillt waren, zuviel Druck auszuüben. Sie hofften, daß wir als Außenseiter für sie die Kastanien aus dem Feuer holen würden, wenn nicht sie, sondern wir den Bergarbeitern erklärten, daß unliebsame Veränderungen bevorstünden.

Auch die führenden Vertreter des Unternehmens befanden sich in einer Zwangslage. Einerseits waren sie enttäuscht darüber, daß sie nicht in der Lage waren, die Streiks zu beenden, andererseits zögerten sie jedoch, noch aktiver zu werden, weil sie fürchteten, die Betriebsleitung des Bergwerks zu demoralisieren. Die Uneinigkeit der leitenden Angestellten tat ein übriges. Der für die Personalpolitik verantwortliche Manager Sexton schlug vor, einige der Führungskräfte durch diplomatischere Angestellte zu ersetzen; Williams, der Operations Manager, hingegen drängte zu einer Politik der Härte. Sexton hatte uns um Hilfe gebeten, weil er insgeheim hoffte, daß wir seine Vorschläge unterstützen und ihm helfen würden, die interne Diskussion zu seinen Gunsten zu entscheiden.

Auch das Bundesgericht spielte eine Rolle. Das Unternehmen hatte wegen der Arbeitskämpfe, die eine Verletzung der Tarifvereinbarungen darstellten, Klage gegen die Gewerkschaft erhoben. Sowohl leitende Angestellte des Unternehmens als auch Gewerkschaftsfunktionäre des Distrikts waren eifrig bemüht, dem Gericht zu zeigen, daß man sich der Angelegenheit annahm. Jede Seite hoffte, mit Hilfe der dritten Partei dem anderen die Schuld zuweisen zu können. Die Parteien hatten also viel Veranlassung, uns einzuschalten. Interessant ist jedoch, daß keiner wirklich glaubte, unsere Beteiligung könne irgend etwas an der augenblicklichen Situation ändern.

Die erste Aufgabe des Systemdesigners ist es nun herauszufinden, warum und von welchen Parteien er um Hilfe gebeten wurde, denn die Konfliktlösung muß nicht der einzige Zweck oder gar das Hauptziel der Parteien sein. Sie können auch versteckte oder entgegengesetzte Interessen haben. Ferner ist es möglich, daß einige, die den Veränderungen kritisch gegenüberstehen, vor der Hinzuziehung von Externen nicht konsultiert worden waren. Im allgemeinen greift man zuletzt auf Externe zurück, aus Angst, sie könnten sich möglicherweise unaufgefordert in interne Angelegenheiten einmischen. Denn auch wenn eine Intervention die hohen Kosten des Konflikts senkt, so kann sie doch die Interessen einer Partei bedrohen, die ihr möglicherweise wichtiger sind als die Verminderung von Konfliktkosten.

Das bestehende Konfliktlösungssystem untersuchen

Den Hintergrund der Konflikte verstehen

Wir begannen mit der Untersuchung des Konflikts aus der Sicht der Gewerkschaft und der Geschäftsführung. Für jede Seite waren die Aggressionen der anderen das eigentliche Problem; die eigenen feindseligen Handlungen wurden nur als Reaktion auf Provokation angesehen. Die Betriebsleitung machte in erster Linie eine kleine Gruppe von Unruhestiftern im Bergwerk, einschließlich Ratliff, den örtlichen Gewerkschaftspräsidenten, für alles verantwortlich. Die Gewerkschaftsfunktionäre hielten Kilgore, den Leiter der Untertagearbeit, für den Schuldigen. Die Tatsache, daß Ratliff und Kilgore einen lange schwelenden persönlichen Streit hatten, den sie sowohl während als auch nach der Arbeit pflegten, vereinfachte die Situation nicht gerade.

Während der interpersonale Konflikt offensichtlich war, ließen sich die Streitpunkte nicht sofort ausmachen. Der Konflikt glich alten Fehden, in deren Verlauf die ursprünglichen Streitpunkte schließlich ganz in Vergessenheit gerieten; in unserem Falle schürten Reaktionen und Racheakte den Konflikt nur noch weiter. Die Betriebsleitung suspendierte Bergarbeiter, weil sie streikten; die Bergarbeiter streikten, weil die Betriebsleitung sie suspendiert hatte. Jede Seite wollte der anderen eine »Lektion« erteilen. Jede Seite war der Überzeugung, daß miteinander zu reden sinnlos war, weil die andere Seite nur Gewalt wirklich verstehen würde.

Das Konfliktlösungsmodell genau aufzeigen

Das Konfliktlösungsmodell von Caney Creek war den Modellen in Bergwerken mit hoher Streikrate, die wir für unsere Studie über wilde Streiks besucht hatten, vergleichbar. Hatte ein Bergarbeiter ein Problem, sah er nur zwei Möglichkeiten, damit fertig zu werden – das Handtuch zu werfen oder zu streiken. Die dritte Möglichkeit – das Gespräch – wurde vernachlässigt. Die meisten Bergarbeiter hatten das Vertrauen in den Beschwerdeweg verloren und sahen ihn nur noch als Mittel an, um die Betriebsleitung zu ärgern. Laut Sexton gab es kein Geben und Nehmen, kein »Sicherheitsventil«, keine »Stoßdämpfer«. Die Bergwerksleitung beschrieb es so: »Jeder sagt nein. Sie glauben zwar, daß sie miteinander reden, aber in Wirklichkeit tun sie das gar nicht. Sie diktieren, halten Reden und führen Klischees an.«

Die Bergarbeiter streikten nicht aus irrationaler Wut, sondern weil sie keine andere Wahl hatten. Ein Bergarbeiter begründete seinen Entschluß, mit seinen Kollegen in Streik zu treten, zum Beispiel so: »Wenn ich nicht streike, breche ich mein Versprechen der Gewerkschaft gegenüber und setze dadurch die Streikenden den Vergeltungsmaßnahmen der Geschäftsführung aus. Wenn ich nicht streike, werde ich von anderen Bergarbeitern möglicherweise verprügelt, beschimpft oder aber sie beschädigen mein Eigentum. Ich bin enttäuscht und verärgert. Das Unternehmen nutzt uns aus und kommt damit auch noch durch.«

Die Auswertung aller Daten ergab ein Modell zur Konfliktlösung in Form einer auf der Spitze stehenden Pyramide (vgl. Abb. 2, 1. Kapitel). In den sechzehn Monaten von März 1978 bis Juli 1979 kamen fünfundvierzig Beschwerden in die zweite Stufe. Vierzehn Streitfälle wurden in der zweiten Stufe beigelegt, sechzehn in der dritten, fünfzehn durch Schiedsverfahren und achtzehn durch Streiks – ein auf den Kopf gestelltes Konfliktlösungsmodell also, in dem weniger kostspielige Verfahren zuletzt und kostspielige am häufigsten eingesetzt wurden.

Dieses Modell trat bereits in der allerersten Beschwerde nach Eröffnung des Bergwerks zutage. Die Betriebsleitung hatte angekündigt, daß die Stelle eines Gerätelagerverwalters eingeführt werden solle – eine Übertagearbeit, die von den unter Tage arbeitenden Kumpeln natürlich sehr geschätzt wird. Viele von ihnen waren davon überzeugt, daß sie diese Tätigkeit problemlos ausüben könnten, wurden aber den hohen technischen Anforderungen der Betriebsleitung nicht gerecht. Ihrer Meinung nach enthielt die Betriebsleitung ihnen diesen Arbeitsplatz unfairerweise vor und wollte einen Neuen einstellen. Die Gewerkschaft reichte Beschwerde ein. Die Betriebsleitung erklärte daraufhin, daß der Tarifvertrag ihnen das Recht einräume, den Arbeitsplatz zu beschreiben. Der Fall kam schließlich vor ein Schiedsgericht.

Der Schiedsrichter wies die Klage der Gewerkschaft ab. Die Geschäftsleitung lachte sich ins Fäustchen, hatte sie doch ihren ersten Streitfall gegen die Gewerkschaft gewonnen; nein, die Gewerkschaft würde ihnen nicht vorschreiben, wie sie *ihr* Bergwerk zu leiten hatten. Die Bergarbeiter aber waren verbittert. Ihrer Meinung nach wies die Betriebsleitung Arbeiten zu, ohne die rechtmäßigen Ansprüche der Bergarbeiter zu berücksichtigen. So ließ der anfängliche Goodwill der Bergarbeiter allmählich nach.

Dieser und die darauffolgenden Streitfälle verursachten hohe Kosten, u. a. Geld- und Zeitaufwand für das Schiedsverfahren, Lohn- und Gehaltseinbußen für die Bergarbeiter, aufgrund des Streiks Umsatzeinbußen für die Betriebsleitung sowie Arbeitsplatzverluste durch Entlassungen. Beide Seiten waren mit den Ergebnissen der Streitfälle unzufrieden. Die Beziehung zwischen Betriebsleitung und Gewerkschaft war schwer belastet; tatsächlich deutete die angedrohte Schließung des Bergwerks sogar ein abruptes Ende der Beziehungen an. Konflikte flammten immer wieder neu auf. Schiedsverfahren oder Streiks führten selten zu einer dauerhaften Lösung. Die eigentlichen Probleme und Verstimmungen blieben unberücksichtigt; weitere Beschwerden und wilde Streiks folgten.

Alles in allem war Caney Creek ein Paradebeispiel für einen Betrieb mit einem gestörten Konfliktlösungssystem. Die benutzten Verfahren stellten entweder die Bestimmung von Rechtspositionen oder die Bestimmung von Machtpositionen in den Vordergrund.

Die Motivation ist entscheidend

Bei der weiteren Untersuchung des Konfliktlösungssystems fragten wir, warum die Bergarbeiter so häufig in Streik traten. Als Ursache fanden wir heraus, daß die Bergarbeiter eine gewisse Vorstellung von Fairneß hatten, die die Betriebsleitung aus ihrer Sicht häufig verletzte. Dies zeigte sich nicht nur in dem Streitfall über den Tätigkeitsbereich des Gerätelagerverwalters, sondern auch in jedem einzelnen Fall danach.

Diese Erwartungshaltung, die die Betriebsleitung ignorierte, wollen wir den »informellen Vertrag« nennen (Schein 1980). Unserer Meinung nach steht somit der schriftlich fixierte Vertrag nur für einen Teil der für die Beziehung zwischen Bergarbeiter und Betriebsleitung maßgebenden normativen Regeln. Der andere Teil sind die nichtformalisierten Erwartungen der Bergarbeiter und der Führungskräfte: Der Bergarbeiter erwartet eine faire Behandlung, die Möglichkeit, Tätigkeiten zu verrichten, die er ausüben möchte, und Flexibilität bei den Arbeitsbedingungen, die die individuellen Bedürfnisse berücksichtigen; der Manager erwartet gute Arbeit für einen guten Lohn.

In Caney Creek weigerte sich die Betriebsleitung beispielsweise, Ansprüche anzuerkennen, die auf dem informellen Vertrag basierten und den Bergarbeitern »Bauchschmerzen« verursachten. Weder der Beschwerdeweg noch irgendein anderes Verfahren befaßte sich mit Ansprüchen dieser Art. Häufig gab das Beschwerdeverfahren den Bergarbeitern das Gefühl, daß sie keine Kontrolle ausüben konnten und daß man ihnen die Möglichkeit nahm, sich selbst zur Sache zu äußern. Denn während des Beschwerdeverfahrens wurde die Kontrolle über ihre Beschwerde dem Bergarbeiterkomitee, dem Gewerkschaftsvertreter des Distrikts und schließlich dem Schiedsrichter, der ihnen gegenüber, so glaubten die meisten Bergarbeiter, ohnehin befangen war, übergeben. Das langwierige, mit stundenlangen Verhandlungen verbundene Verfahren zog sich im allgemeinen über Monate hin. Das Beschwerdeverfahren reduzierte also das Problem des Bergarbeiters zu einer auf dem informellen Vertrag basierenden vertraglichen Beschwerde, die wenig mit dem ursprünglichen Problem zu tun hatte. Der Kläger beobachtete passiv, wie andere seine Beschwerde erörterten und dabei häufig juristische Termini gebrauchten, die er gar nicht verstand.

Diesen Aspekt beschreibt eindringlich ein Bergwerksmanager:

Wenn wir in die dritte Stufe gingen, tauchte eine Gruppe von Fremden bei uns auf, die in Wirklichkeit gar keine Fremden waren, sondern Gewerkschaftsvertreter des Distrikts und für die Personalpolitik verantwortliche Leute vom Betrieb.... Diese Leute übernahmen dann mehr oder weniger die Kontrolle, und die Dinge begannen sich zu verzerren.

Diese Leute müssen ihre Existenz rechtfertigen und haben daher das Bedürfnis, Dinge aufzuplustern. Wir haben dann allmählich die Übersicht über die ursprünglichen Probleme verloren.

Wirklich tragisch wurde es, wenn wir vor ein Schiedsgericht gehen mußten. Beim Schiedsverfahren verliert alles seinen Zusammenhang. Keiner kann gewinnen. Hinter das eigentliche Problem kommen die Schiedsrichter gar nicht.

Die meisten Streiks in Caney Creek betrafen den informellen Vertrag entweder direkt, wenn Bergarbeiter auf offensichtliche Verletzungen dieses Vertrages mit einem Arbeitskampf antworteten, oder indirekt, wenn Bergarbeiter schon auf den Versuch der Betriebsleitung, die Unzufriedenheit über eine solche Verletzung zu unterdrücken, mit einem Arbeitskampf reagierten. Als es einem Bergarbeiter nicht gelang, eine Arbeit über Tage zu bekommen, traten andere Bergarbeiter nicht allein nur aus Solidarität mit ihrem Kollegen in Streik. Sie befürchteten vielmehr, daß die Betriebsleitung einen Teil des informellen Vertrages – das Versprechen der fairen Behandlung – gebrochen hatte und somit ihre eigenen Aussichten sowie auch die ihres geschädigten Gewerkschaftsmitgliedes bedroht waren.

Die Streiks erfüllten wichtige Aufgaben. Sie gaben den Bergarbeitern ein Gefühl der Kontrolle über den Ausgang ihrer Beschwerde und die Möglichkeit, sich Gehör zu verschaffen. Unzufriedene Bergarbeiter ergriffen auf diese Weise direkt Maßnahmen und spielten so in dem Verfahren eine führende Rolle. Die Betriebsleitung war also davor gewarnt, ihre Rechte künftig nicht mit Füßen zu treten.

Ein Bergarbeiter hatte somit die Wahl zwischen einem auf Rechtspositionen ausgerichteten Verfahren oder einem auf Machtpositionen ausgerichteten. Der Beschwerdeweg verschaffte den Bergarbeitern weder Gehör noch Kontrolle; der Streik dagegen sehr wohl. Die dritte Möglichkeit, die interessenausgleichende Verhandlung, stand den Parteien nicht zur Verfügung. Kein Wunder also, daß Caney Creek von wilden Streiks heimgesucht wurde.

Ein effektives System entwickeln

Versuchen Sie nicht, den Konflikt zu lösen, ändern Sie das System

Die von den Parteien selbst angestellten Untersuchungen konzentrierten sich nur auf Personen. Thacker, der Bergwerksmanager, wollte die Unruhestifter ausfindig machen und entlassen. Die örtliche Gewerkschaft wollte Kilgore, den Vorarbeiter für die Untertagearbeit, loswerden. Selbst Sexton, der für die Personalpolitik verantwortliche Manager, hatte angedeutet, daß Kilgore versetzt oder entlassen werden müßte. An dieser Stelle sollten wir ansetzen und entscheiden, ob Entlassungen einzelner Personen empfehlenswert waren. Schließlich ist es innerhalb einer Organisation üblich, Einzelpersonen als Konfliktursache zu ermitteln und diese dann zu ersetzen. Allerdings wird diese Vorgehensweise einen Konflikt nicht unbedingt lösen, da Situation und Impulse bestehen bleiben. Wir haben deshalb nach einer anderen Möglichkeit gesucht.

Die Situation schien reif für die Entwicklung eines Konfliktlösungssystems, denn hier steckte eine Beziehung in der Krise. Streiks und Disziplinarmaßnahmen waren für alle Betroffenen unangenehmer geworden als die eigentlichen Streitpunkte. Wir wußten, daß wir den eigentlichen Konflikt zwischen Gewerkschaft und Betriebsleitung nicht lösen konnten, waren aber überzeugt, den Parteien bei der Suche nach einem besseren Weg zur Beilegung ihrer Konflikte helfen zu können. Wir wollten zunächst herausfinden, welche Funktion den Machtkämpfen, also den Streiks, zukam, und dann ein Mittel entwickeln, das denselben Zweck erfüllt, aber für die Parteien mit niedrigeren Kosten verbunden ist. Wir haben also nicht versucht, den Konflikt beizulegen, sondern das System zu ändern.

Wir beschlossen, nicht dem Wink der Konfliktparteien zu folgen und diejenigen zu entfernen, die den Konflikt angeblich verursacht haben. Unsere Aufmerksamkeit galt vielmehr der dritten Möglichkeit: dem Gespräch, das völlig aus dem Konfliktlösungssystem verschwunden war. Wir wollten, um einen Begriff aus unserer Studie der wilden Streiks zu verwenden, eine »problemlösende Beziehung« aufbauen, in der Konflikte in erster Linie durch Herausstellen der einzelnen Interessen gelöst werden. Die Einführung neuer Strategien oder Verfahren würde allerdings nicht ausreichen; die Veränderungen erfordern von den Konfliktparteien Motivation, Fertigkeiten und sonstige Befähigungen.

Problemlösende Verhandlung

Ursprünglich wollten wir den Beschwerdeweg ändern, um Streitfälle schneller und kostengünstiger zu bearbeiten. Ein effizienter Beschwerdeweg sollte die Probleme wilder Streiks lösen. Weitere Untersuchungen ergaben jedoch weitaus kompliziertere Verflechtungen. Das Beschwerdeverfahren befaßte sich nicht mit angeblichen Verletzungen des informellen Vertrages und brachte die Bergarbeiter um das Gefühl der Kontrolle. Eine Verbesserung des Verfahrens würde diese Mängel nicht beheben. Kurz: Wir erkannten, daß Motivation genauso wichtig ist wie das Verfahren selbst. Ein Systemdesigner muß genau analysieren, warum die Parteien kostspielige Konfliktstrategien benutzen, weil er sonst unter Umständen Gefahr läuft, Strategien (z. B. den vertraglich vorgeschriebenen Beschwerdeweg) zu verbessern, die die Parteien nur als schlechten Ersatz für ihre kostspieligen Strategien ansehen.

In der Studie über wilde Streiks wurde eine bessere Alternative – der problemlösende Ansatz – vorgeschlagen, die die Motivation der Parteien mitberücksichtigt. Beschwerden behandelte man in Caney Creek so, als handle es sich um einen feindseligen Angriff. Im Vordergrund standen fast ausschließlich die vertraglich festgelegten Rechte. Als Ergebnis war der Gewinn der einen Seite als der Verlust der anderen Seite definiert. Die problemlösende Verhandlung hingegen legt den Akzent auf Kooperation, betont in erster Linie die Interessen der Beteiligten, schließt ein großes Maß an gegenseitigem Überzeugen und Entgegenkommen mit ein und strebt für alle Parteien ein zufriedenstellendes Ergebnis an.

Die problemlösende Verhandlung bot ganz besondere Vorteile. Sie konnte sich mit Konflikten befassen, die sowohl den informellen als auch den formellen Vertrag betrafen. Sie stellte die Interessen heraus, die den angeblichen Verletzungen beider Verträge zugrundeliegen, und sie konnte dies mit den Worten tun, die am Arbeitsplatz und von den Bergarbeitern verstanden wurden. Sie erläuterte den informellen Vertrag nicht nur im Zusammenhang mit einem einzigen Konflikt, sondern für die Beziehung insgesamt. Eine solche Verhandlung fand auf einer unteren Ebene statt, hatte weniger Verzögerungen zur Folge und ermöglichte eine aktivere Teilnahme des Klägers. Die problemlösende Verhandlung erfüllte also ebenso wie der wilde Streik drei entscheidende Funktionen: Sie befaßte sich mit dem informellen Vertrag, vermittelte dem Kläger ein Gefühl der Kontrolle über das Ergebnis des Streitfalls und bot ihm Gelegenheit, sich im Laufe des Verfahrens zur Sache zu äußern.

Die Konfliktstrategien neu entwickeln

Wir fingen an, nach Wegen zu suchen, um die Parteien zu einem problemlösenden Ansatz zu ermutigen. Unsere Diskussionen sowohl mit den Parteien als auch untereinander legten folgende Veränderungen nahe:

Konsultation und Verhandlung. Frühzeitige Gespräche und Konsultationen konnten die Interessen der anderen Seite verstehen helfen und auf diese Weise unnötige Konflikte verhindern. Wir schlugen den Spitzenmanagern des Bergwerks vor, so viel Zeit wie möglich unter Tage zu verbringen und sich die Probleme der Bergarbeiter anzuhören. Weiterhin vertraten wir die Ansicht, daß die Betriebsleitung es sich zur Gewohnheit machen sollte, sich mit den örtlichen Gewerkschaftsführern zu beraten, ehe bedeutende Veränderungen der Arbeitsbedingungen vorgenommen wurden. Ferner empfahlen wir Treffen zwischen der Betriebsleitung, der Gewerkschaftsführung und den Bergarbeitern, um über allgemeine Probleme zu diskutieren und Maßnahmen zu erläutern, die vereinbart worden waren. Diese Interaktion, davon waren wir überzeugt, würde ein Gefühl der Beteiligung und Partnerschaft schaffen, es der Geschäftsführung ermöglichen, notwendige Veränderungen mit einem Minimum an Spannung durchzuführen, und verhindern, daß Konflikte überhaupt erst aufkommen.

Konflikte ließen sich auch verhindern, wenn die Bergarbeiter ausreichend informiert wurden. Als besonders heikle Disziplinarmaßnahme erwies sich die Suspendierung von der Arbeit. Gewöhnlich teilte die Betriebsleitung einem Bergarbeiter unter vier Augen mit, daß er für einen bestimmten Zeitraum suspendiert sei, und schickte ihn nach Hause. Häufig gingen danach allerdings Gerüchte um, daß der Bergarbeiter entlassen worden sei. Ein Streik folgte notgedrungen. Die Gewerkschaftsfunktionäre regten an, daß solche Streiks vermieden werden könnten, wenn ein den Bergarbeitern vertrautes Mitglied des Bergarbeiterkomitees anwesend wäre. Mit den richtigen und glaubwürdigen Informationen ausgestattet, könnte er dann Gerüchten entgegenwirken. Damit ein Komiteemitglied anwesend sein konnte, sollte die Betriebsleitung das Bergarbeiterkomitee frühzeitig von der bevorstehenden Suspendierung in Kenntnis setzen. Wir schlugen vor, diese neue Strategie als zusätzliche Maßnahme zur Vermeidung von Konflikten einzubauen.

Wir machten mehrere Vorschläge zur Bewältigung der bestehenden Konflikte. Die Bergarbeiter mußten sich auf irgendeine Weise bei Verletzungen des informellen Vertrages beschweren können. Gemäß unserem Vorschlag sollte die Betriebsleitung daher ihre Absicht bekunden, sowohl auf Verletzungen des formellen als auch des informellen Vertrages einzugehen und die Motivation der Bergarbeiter zu berücksichtigen. Viele Bergarbeiter fürchteten Vergeltungsmaßnahmen nach Vorbringen einer Beschwerde. Wir schlugen der Betriebsleitung vor, diese Befürchtungen durch die Ankündigung zu zerstreuen, daß man künftig jeden Vorarbeiter disziplinarisch bestrafen werde, sollte er bei Vergeltungsmaßnahmen gegen einen Bergarbeiter, der eine Beschwerde vorbrachte, ertappt werden.

Ein Konflikt sollte so bereits am Entstehungsort von den Konfliktparteien – im Idealfall von Bergarbeiter und Vorarbeiter – beigelegt werden. Um diese Strategie zu unterstützen, schlugen wir vor, daß die Betriebsleitung die Personalpolitik zu einem Hauptbestandteil bei der Arbeitsbeurteilung der Vorarbeiter macht. Ferner sollte die Gewerkschaft erst dann mit einer Beschwerde in die zweite Stufe gehen, wenn der Bergarbeiter die Beschwerde mit seinem Vorarbeiter besprochen hatte.

Das Verfahren bei Streiks verändern. Um zu verhindern, daß Konflikte in Streiks übergehen, sollten die Parteien vor Beginn eines Streiks eine Verhandlung ansetzen. Die Bergarbeiter sollten weiterarbeiten, während das Bergarbeiterkomitee den Streitfall mit der Betriebsleitung diskutierte. Diese Abkühlungsphase würde den Weg für Verhandlungen öffnen. Es ist ein gutes Beispiel für ein »Loop-back«, das die Parteien zu einem kostengünstigen Verfahren hinführt.

Wir schlugen vor, nach der vor dem Streik stattfindenden Verhandlung ein weiteres Verfahren mit aufzunehmen, um einige Arbeitskämpfe zu vermeiden. Die Gewerkschaftsmitglieder sollten dabei das bestehende Problem erörtern und über einen eventuellen Streik abstimmen. Sprach sich die Minderheit gegen einen Streik aus, würden die Bergarbeiter auch dann ihre Arbeit wieder aufnehmen, wenn eine Minderheit immer noch auf einem Streik bestand. Diese Vorgehensweise sollte verhindern, daß eine Minderheit gegen den Wunsch der Mehrheit einen Streik durchführt.

Die Gewerkschaftsführer wiesen allerdings auf zwei

Hindernisse hin. Erstens machten sie sich strafbar, wenn sie an einem Treffen teilnahmen, um einen drohenden Streik zu diskutieren, weil sie damit den Gerichtsbeschluß verletzten. Einer Diskussion über Arbeitskämpfe aus dem Wege zu gehen, war daher für sie der beste Weg, sich zu schützen. Auf unsere Frage erklärten sie ihre Bereitschaft, an einer Diskussion über einen möglichen Streik teilzunehmen, wenn die Betriebsleitung nicht gegen sie vorginge. Das zweite Hindernis ergab sich aus der Tatsache, daß Teilstreiks den Grundsatz der Solidarität verletzen. Legte z. B. ein Bergarbeiter seine Arbeit nieder, folgten die anderen Bergarbeiter automatisch seinem Beispiel. Sie taten dies allerdings nicht unbedingt, weil sie mit dem Streitpunkt konform gingen, sondern vielmehr, weil sie die Streikenden schützen wollten, die ohne ihre Unterstützung mit Entlassungen rechnen mußten. Traten umgekehrt jedoch alle Bergarbeiter in Streik, konnten einzelne nicht entlassen werden. Auch hier war die Motivation wieder ein entscheidender Faktor. Der Gewerkschaftspräsident Ratliff schlug vor, daß die Mehrheit der Bergarbeiter die Arbeit fortsetzen solle, wenn die Betriebsleitung gegen jene, die ihre Arbeit niederlegten, keine Disziplinarmaßnahmen ergreifen würde. Als wir anboten, der Betriebsleitung zu empfehlen, seinen Vorschlag anzunehmen, erklärte Ratliff ungläubig: »Wenn Sie das für uns erreichen können, werden Ihnen die Männer die Füße küssen.«

Mit unserem letzten Vorschlag wollten wir, sollte es trotz dieser Maßnahmen zum Streik kommen, die Kosten möglichst niedrig halten. Bisher mußte die Schicht, die als erste in Streik getreten war, auch als erste wieder an den Arbeitsplatz zurückkehren, selbst wenn der Streik so rechtzeitig beendet worden war, daß eine andere Schicht die Arbeit antreten konnte. Wir empfahlen der Gewerkschaft, diese Vorgehensweise fallenzulassen, um die Streikkosten für beide Parteien zu reduzieren.

So haben wir versucht, die übliche Vorgehensweise bei Streiks abzuändern und eine problemlösende Verhandlung zu ermöglichen. Wir schufen ein »Loop-back« mit dem Ziel, Gewerkschaftsfunktionäre und Bergarbeiter zu motivieren, es auch zu benutzen. Wir hofften, daß eine weniger kostspielige Alternative die Notwendigkeit eines Streiks reduzieren würde. Streikten die Bergarbeiter dennoch, so sollten wenigstens die Kosten des Streiks so niedrig wie möglich gehalten werden.

Die Parteien motivieren, die neuen Verfahren auch einzusetzen. Wir versuchten nicht nur die Parteien zu motivieren, die neu geschaffenen Verfahren zu benutzen, sondern wollten sie auch dazu bewegen, eine Reihe von Veränderungen zu akzeptieren. Alle Beteiligten waren daran interessiert, weitere Entlassungen und die Schließung des Bergwerks zu verhindern. Betriebsleitung und Gewerkschaftsführer, so unser Vorschlag, sollten den Bergarbeitern den Ernst der Lage verdeutlichen, indem sie ihnen erklärten, daß weitere Streiks das Bergwerk noch unrentabler machen, zu weiteren Entlassungen und letztlich zur Schließung des Bergwerks führen würden. Darüber hinaus sollte die Betriebsleitung ankündigen, bei Aufnahme der Produktion nach Beendigung des Streiks entlassene Bergarbeiter wiedereinzustellen.

Entscheidend für die Umsetzung des neuen Verfahrens war die Haltung der Parteien zueinander. Wir empfahlen keine Schulung, um diese Einstellungen direkt zu beeinflussen, weil eine erfolgreiche Lernerfahrung mit der problemlösenden Verhandlung unseres Erachtens die Einstellungen allmählich ändern würde. Allerdings hielten wir es für hilfreich, wenn die Betriebsleitung den Umgang zwischen Bergarbeitern und Vorarbeitern beispielswiese durch eine dem Unternehmen angehörende gemeinsame Sportmannschaft fördern würde. Zu dem damaligen Zeitpunkt hatte die Geschäftsführung versucht, derartige Kontakte zu unterbinden.

Für die notwendigen Fertigkeiten sorgen. Wahrscheinlich würden die Veränderungen nicht funktionieren, wenn die Konfliktparteien nicht mit den notwendigen Methoden vertraut waren, um problemlösende Verhandlungen durchzuführen. Die Hauptakteure benötigten Aus- und Fortbildung. Unser Vorschlag: Ury sollte den Sommer über im Bergwerk bleiben und den Parteien helfen, ihre Kommunikations- und Verhandlungsmethoden zu verbessern. Aufgrund des interpersonalen Konflikts genügte es jedoch nicht, nur diese Fertigkeiten weiterzuentwickeln. Die beiden direkt für die Konfliktbewältigung verantwortlichen Personen waren Kilgore, der Leiter der Untertagearbeit, und Ratliff, der örtliche Gewerkschaftspräsident. Angesichts der langandauernden Fehde und ihrer kämpferischen Natur bezweifelten wir, daß beide nach einer Schulung in der Lage sein würden, an einer problemlösenden Verhandlung teilzunehmen.

Einen der beiden zu ersetzen, schien uns nicht durchführbar. Wir konnten weder empfehlen, den Gewerkschaftspräsidenten seines Amtes zu entheben, noch waren wir sicher, ob eine Entlassung Kilgores, so gerne es auch viele gesehen hätten, eine so gute Idee war. Obgleich Kilgore Schwierigkeiten im Umgang mit Menschen hatte, schien er doch ein ausgezeichneter Produktionsmanager zu sein. Seine Entlassung hätte außerdem die Demoralisierung der anderen Vorarbeiter zur Folge gehabt und den Bergarbeitern den Eindruck vermittelt, daß sie jeden unliebsamen Vorarbeiter loswerden könnten. Anstatt einen der beiden von seinem Posten zu entfernen, wollten wir ihnen langsam die Entscheidungsbefugnis bei Konflikten entziehen. Wir strebten an, Kilgore und Ratliff dazu zu bewegen, sich aus der direkten Teilnahme am Beschwerdeverfahren zurückzuziehen.

Kilgores Aufgaben bei der Konfliktbewältigung sollte nach unserem Vorschlag ein für die Personalpolitik zuständiger Manager übernehmen, den die Betriebsleitung einstellen sollte und dessen Hauptaufgabe es sein würde, jeden Streit auf der Basis problemlösender Ansätze anzugehen. Er sollte rund um die Uhr verfügbar sein und sich alle Beschwerden, gleichgültig ob sie nun dem formellen oder informellen Vertrag zuzurechnen waren, anhören. Im Falle eines Konflikts sollte er zuerst die problemlösende Verhandlung einsetzen. Durch die Gleichstellung mit dem Leiter der Untertagearbeit erleichtert das Unternehmen ihm nicht nur seine Arbeit, sondern signalisiert den Bergarbeitern gleichzeitig, daß die Betriebsleitung Wert auf gute Beziehungen legt. Die Schaffung eines neuen Arbeitsplatzes und dessen Besetzung ist ein Beispiel für die Bereitstellung von Mitteln, die für neue Verfahren notwendig sind. Wir schlugen vor, daß die gewählten Mitglieder des Bergarbeiterkomitees Ratliffs Platz in dem Konfliktlösungsprozeß einnehmen sollten, um die Bergarbeiter zu ermutigen, ihre Beschwerden vorzubringen, anstatt sie einfach zurückzuhalten. Komiteemitglieder sollten nach jeder Schicht zur Verfügung stehen, um sich Klagen der Bergarbeiter anzuhören und ihnen bei der Frage, wie sie ihre Probleme mit der Betriebsleitung diskutieren sollen, mit Rat und Tat zur Seite zu stehen.

Wir schlugen Verfahrensänderungen vor, um eine auf Interessenausgleich zielende Verhandlungsstrategie zu fördern, sowie Maßnahmen zur Steigerung der Motivation und der Fertigkeiten und Mittel, damit die neuen Verfahren auch wirksam werden können.

Die Veränderungen aushandeln

Empfehlen Sie keine Veränderungen, handeln Sie sie aus

Nachdem wir uns mit der Situation vertraut gemacht hatten, erwarteten die Parteien von uns Empfehlungen. Sie wollten wissen, was nicht in Ordnung war, wer Unrecht hatte und was sie tun sollten. Wir waren als Schiedsrichter vorgesehen, mit der einzigen Ausnahme, daß unser Urteil nicht verbindlich sein sollte.

Für definitive Empfehlungen war es unseres Erachtens aber noch zu früh. Wir wollten von den Parteien erst noch mehr über ihre Situation erfahren. Wir befürchteten auch, daß Betriebsleitung und Gewerkschaftsfunktionäre unsere Empfehlungen aufgrund der Kürze unseres Aufenthalts im Bergwerk geringschätzen könnten. Außerdem lassen sich Vorschläge nur dann wirksam einführen, wenn die Parteien sie als ihre eigenen Ideen betrachten. Es gehörte also auch zu unseren Aufgaben, die Parteien von den Vorschlägen zu überzeugen. Dies wiederum bedeutete jedoch für uns eine längere und enge Zusammenarbeit mit den Konfliktparteien.

Wir verwendeten das im 4. Kapitel beschriebene Ein-Text-Verfahren. Nach der Befragung jeder Seite würden wir einen Text mit den vorgeschlagenen Maßnahmen aufsetzen. Dieser Text sollte den Parteien als Diskussionsgrundlage, nicht als Empfehlung dienen. Unter Berücksichtigung ihrer Vorstellungen würden wir den Text überarbeiten und sie dann erneut um ihre Meinung und ihren Rat bitten. Wir würden so lange auf diese Weise verfahren, bis wir das Gefühl hätten, daß wir den Text nicht mehr weiter verbessern könnten. Da der Text mehr und mehr ihre Sprache und ihre Ideen widerspiegelte, würden die Parteien die Veränderungen mit der Zeit als ihre eigenen und nicht als die unseren betrachten.

Wir würden zunächst mit jeder Seite getrennt zusammenarbeiten und Maßnahmen entwickeln, die ohne weiteres akzeptiert werden konnten. Wir wählten diesen Ansatz nicht nur wegen der belasteten persönlichen Beziehungen. Wir wollten verhindern, daß der Prozeß zu einer Verhandlung wird, in deren Verlauf, wie bei Tarifverhandlungen, jede Seite von der anderen Konzessionen erwartete. Jede Partei würde eher Veränderungen vornehmen, wenn diese nicht als Forderungen der anderen dastünden.

Wir fuhren dreimal nach West Virginia und Kentucky, um von der Gewerkschaft und der Geschäftsführung Kritik und Verbesserungsvorschläge einzuholen.

Die Vorschläge ausprobieren

Zuerst trafen wir uns in Charleston, West Virginia, mit höheren Vertretern des Unternehmens. Wir diskutierten über Kilgore, den Vorarbeiter für die Untertagearbeit, und erklärten ohne Umschweife, daß wir weder eine Entlassung noch Versetzung Kilgores empfehlen konnten. Die Vertreter der Geschäftsführung waren merklich erleichtert und standen den nun folgenden Vorschlägen offener gegenüber. Wir legten ihnen danach einen Textentwurf mit möglichen Maßnahmen der Geschäftsführung vor. Bevor wir jeden Vorschlag einzeln vorstellten, erläuterten wir zunächst das Problem, das der jeweilige Vorschlag beheben sollte. Wir stellten die Vorschläge nicht als fertige Empfehlungen hin, sondern als Handlungsalternativen, die weiterentwickelt werden konnten, und warteten dann auf ihre Reaktion.

Im ganzen verlief das Treffen problemlos. Fast jeder reagierte positiv auf den Vorschlag, einen für die Personalpolitik verantwortlichen Manager einzustellen. Nur Williams, der Operations Manager, erklärte, daß das Unternehmen lange genug »die Rolle der guten Fee« gespielt habe; er wollte, daß Kilgore für drei Monate die volle Verantwortung für die Personalpolitik übernahm, um den Bergarbeitern etwas Vernunft beizubringen. Der für die Personalpolitik verantwortliche Manager, Sexton, der schon seit einiger Zeit diese Diskussion mit Williams führte, schien über die zusätzliche Unterstützung seines versöhnlichen Ansatzes erfreut. Thacker, der Bergwerksmanager, zeigte sich defensiv. Er erklärte wiederholt, daß er bereits versucht habe, die angeregten Maßnahmen durchzuführen, ein Einwand übrigens, der paradoxerweise die Annahme der Vorschläge erleichterte.

Am nächsten Tag legten wir unseren Ein-Text den Gewerkschaftsfunktionären des Distrikts in der Hauptgeschäftsstelle vor. Auch hier stellten wir wieder die möglichen Maßnahmen vor und baten um Kritik. Zu den umstrittensten Vorschlägen gehörten das Abstimmungsverfahren und die Verhandlungen, die vor einem Streik geführt werden sollten. Wir erklärten, daß wir mit der Geschäftsführung bisher noch keine Vereinbarung über die Immunität streikender Bergarbeiter getroffen hatten, dies jedoch nachholen würden. In einem Gespräch unter vier Augen, das Goldberg mit Ratliff geführt hatte, willigte jener ein, seine aktive Rolle im Beschwerdeverfahren aufzugeben. Nun, da Kilgore und Ratliff nicht mehr am formellen Verfahren teilnahmen, war es leichter, mit problemlösenden Verhandlungen zu beginnen.

Die zweite Runde

Innerhalb von zwei Wochen reagierten beide, Geschäftsführer und Gewerkschaft, positiv auf unsere Vorschläge. Zu den wichtigsten noch offenen Fragen gehörten für die Gewerkschaft das Verfahren vor einem Streik und für die Geschäftsführung die garantierte Immunität der Gewerkschaftsfunktionäre und Streikenden.

Inzwischen überschlugen sich die Ereignisse in Caney Creek. Anfang Mai streikten die Bergarbeiter fünf Tage lang, weil ein Bergarbeiter, der des Diebstahls beschuldigt wurde, entlassen worden war. Die örtliche Gewerkschaftsführung kam um Mitternacht ins Bergwerk und versuchte, die Männer von einem Streik abzubringen – ohne Erfolg. Die Geschäftsführung brachte die örtliche Gewerkschaft vor das Distriktgericht des Bundesstaates. Der Richter ordnete an, daß es Aufgabe der Gewerkschaft sei, dafür Sorge zu tragen, daß die Bergarbeiter innerhalb von achtundvierzig Stunden an ihren Arbeitsplatz zurückkehrten, oder er würde die gesamte örtliche Gewerkschaftsführung verhaften lassen. Die Bergarbeiter kehrten vor Ablauf des Ultimatums an ihren Arbeitsplatz zurück. Eine Woche später traf sich der Richter mit dem damaligen Präsidenten der Bergarbeitergewerkschaft United Mine Workers, Sam Church, und dessen Berater, Harrison Combs, um über die sich verschlechternde Situation zu beraten. Als Gewerkschaftsfunktionäre dem Richter von unseren Bemühungen berichteten, bot dieser begeistert seine Unterstützung an.

Einige Tage später flogen wir nach Charleston, um uns wieder mit Vertretern des Unternehmens zu treffen. Wir besprachen einige unwesentliche Veränderungen und brachten dann ein hochbrisantes Thema – das Streikverfahren – zur Sprache. Im nationalen Bergarbeiterstreik von 1977/78 war einer der Streitpunkte die Frage, ob Gewerkschaften während der Laufzeit des Tarifvertrages das Recht haben sollten zu streiken, falls sich die Mehrheit der Gewerkschaftsmitglieder für einen Streik aussprach. Die nationale Gewerkschaft UMWA wollte dieses Recht in den Vertrag aufnehmen. Die Leiter der Bergwerke hatten sich dagegen ausgesprochen und schließlich gewonnen. Wir baten nun die Geschäftsführung von Caney Creek, obgleich wir unsere Bitte natürlich nicht ganz so formulierten, den örtlichen Gewerkschaften eben genau das Recht, das der UMWA damals verweigert worden war, zuzusprechen.

Wir präsentierten den Vorschlag als Mittel zur Verhinderung von Streiks: Die Streikenden sind nur dann vor Bestrafung sicher, wenn dem Streik ein Treffen zwischen Gewerkschafts- und Geschäftsführung sowie ein Gewerkschaftstreffen vorausgegangen sind, in dessen Verlauf die Bergarbeiter über den Streik abstimmen sollten. Sprach sich die Mehrheit für einen Streik aus, verzichtete die Geschäftsführung darauf, Strafmaßnahmen gegen die Streikenden zu ergreifen. Sprach sich die Mehrheit gegen einen Streik aus, kehrten die Bergarbeiter an ihren Arbeitsplatz selbst dann zurück, wenn eine Minderheit streikte. Die streikende Minderheit hätte nur Disziplinarmaßnahmen zu fürchten, wenn sie nicht innerhalb von vierundzwanzig Stunden an ihren Arbeitsplatz zurückkehrte. Dies, so hatte uns die örtliche Gewerkschaftsführung versichert, erlaubte es der Mehrheit weiterzuarbeiten, ohne befürchten zu müssen, die streikende Minderheit einer möglichen Bestrafung auszusetzen. Stellte die Minderheit fest, daß der Streik andere Bergarbeiter nicht zur Teilnahme animierte, kehrten sie innerhalb von vierundzwanzig Stunden an ihren Arbeitsplatz zurück, um sich so vor Bestrafung zu schützen.

Auch gerichtliche Maßnahmen stellten ein Hindernis dar. Mußten Gewerkschaftsführer juristische Sanktionen fürchten, würden sie wahrscheinlich an keinem vor einem Streik angesetzten Treffen teilnehmen. Ihre Anwesenheit, so teilten wir der Geschäftsführung mit, war für die Gewährleistung eines auf demokratische und verantwortungsbewußte Weise durchgeführten Treffens wichtig. Wir schlugen daher vor, das Unternehmen solle zusichern, gegen Gewerkschaftsführer, die an Streiktreffen teilnahmen, nicht gerichtlich vorzugehen. Wir erläuterten unsere Empfehlungen folgendermaßen: »Was haben Sie zu verlieren? Die Bergarbeiter streiken ja bereits. Sie wollen nicht, daß die Bergarbeiter wieder verhaftet werden. Wenn diese Maßnahme eine Möglichkeit bietet, Arbeitskämpfe zukünftig zu verhindern, warum sie nicht mal ausprobieren?« Die Vertreter der Geschäftsführung stimmten schließlich zu.

In diesen Verhandlungen traten wir nicht nur als Schlichter, sondern auch als Systemdesigner und Verfechter einer ganz bestimmten Verfahrensweise auf – ein nicht ganz einfaches Unterfangen.

Eine Vereinbarung erzielen

Wieder nach Boston zurückgekehrt, überarbeiteten wir die Vorschläge erneut. Wir versuchten die meisten Veränderungen nicht als Vereinbarungen, sondern als unabhängige Maßnahmen einer Seite zu präsentieren und so den Begriff »Konzession« zu vermeiden. Wir wollten so auch verhindern, daß das gesamte Programm fehlschlägt, wenn eine Seite den neuen Verfahren nicht gleich gerecht wird. Die Vorschläge stellten wir anhand von vier Dokumenten vor: ein internes Memorandum des Unternehmenspräsidenten an die Betriebsleitung von Caney Creek mit ausführlichen Angaben zu den neuen Verfahren und

Maßnahmen im Bereich der Personalpolitik; eine Erklärung der Geschäftsführung an die Bergarbeiter; eine Vereinbarung zwischen der Geschäftsführung und der örtlichen Gewerkschaft zum Streikverfahren; eine Erklärung der Gewerkschaft an die Geschäftsführung zur Vorgehensweise.

Mitte Juni brachten wir die Dokumente nach Caney Creek. Zuerst gingen wir mit den Gewerkschaftsfunktionären die Erklärung der Gewerkschaft und die Vereinbarung zwischen Gewerkschaft und Geschäftsführung durch. Beide Dokumente wurden begeistert angenommen. Am nächsten Morgen erörterten wir dann mit der Bergwerksleitung und führenden Vertretern des Unternehmens den Entwurf zum Streikverfahren. Es traten kaum Probleme auf, da die einzelnen Punkte bereits lange im voraus ausgearbeitet worden waren. Am Nachmittag trafen sich schließlich zwei Dutzend Vertreter der Gewerkschaft und der Geschäftsführung in Caney Creek. Thacker las die Erklärung der Geschäftsführung und Ratliff die der Gewerkschaft vor. Danach verlasen beide ihren Teil der Vereinbarung. Alle schienen guter Dinge zu sein. Sowohl Ratliff als auch Sexton sagten voraus, daß, wenn diese Vereinbarung in Caney Creek Erfolg habe, man das Streikverfahren in den nächsten Tarifvertrag aufnehmen werde. Die Gewerkschaftsführung des Distrikts versprach, die Vereinbarung zu unterstützen, und drückte insgeheim ihre Überraschung über die Großzügigkeit der Geschäftsführung aus.

Ratliff und der Präsident des Distrikts unterzeichneten die Vereinbarung für die Gewerkschaft, der Präsident des Unternehmens und Thacker für die Geschäftsführung. Danach wurden Fotos gemacht. Die Atmosphäre kam der Unterzeichnung eines Friedensvertrages gleich. Die Teilnehmer erklärten, sie hätten das Gefühl, in der Kohleindustrie Geschichte zu schreiben.

Die Veränderungen richtig einführen

Die Ratifizierung

Geschäftsführung und Gewerkschaft mußten den Vorarbeitern und Bergarbeitern die neuen Strategien noch vorstellen. Am Tag nach der Unterzeichnung präsentierte Thacker den Vorarbeitern die neuen Maßnahmen. Er stellte Ury vor und erklärte, daß dieser den Sommer im Bergwerk verbringen werde, um bei der Umsetzung der Veränderungen zu helfen.

Die Bergarbeiter sollten die neuen Verfahren kennenlernen und sich mit ihnen identifizieren, weshalb wir vorschlugen, ihnen die Vereinbarung zur formellen Ratifizierung vorzulegen. Einen Tag nach der Unterzeichnung wurde allen Bergarbeitern eine Kopie der Erklärungen und der Vereinbarung per Post zugestellt. Am darauffolgenden Tag wurde Ury den Bergarbeitern vorgestellt. Ratliff erklärte ihnen, daß Ury sich mit der Situation vertraut machen und ihnen so viel wie möglich helfen wolle.

Einige Stunden später löste sich unser Optimismus in Luft auf. Ratliff vertraute Ury an, daß er nicht mit der Annahme der Vereinbarung rechne. »Die meisten Bergarbeiter«, so erklärte er, »vertrauen nicht darauf, daß die Geschäftsführung ihre Versprechen halten wird und keine Vergeltungsmaßnahmen gegen einen Kläger und keine Disziplinarmaßnahmen gegen Streikende ergreift. Sie sind schon oft betrogen worden. Die wollen nicht noch einmal in die Falle gehen.« Außerdem sei es im Laufe der vergangenen fünf Wochen zu keinem Streik gekommen; welche Notwendigkeit bestand also in den Augen der Bergarbeiter für eine derartige Vereinbarung?

Selbst Ratliff, der die Vereinbarung unterstützt hatte, begann bei den ersten Anzeichen von Widerstand an ihr zu zweifeln. Als Ury ihm vorschlug, sich der größten Sorgen der Bergarbeiter anzunehmen, ja vielleicht sogar die Ratifizierung noch hinauszuschieben, weigerte sich Ratliff. Er wollte die Abstimmung durchführen, es endlich hinter sich bringen und dann zur Tagesordnung übergehen. Er war offenbar der Meinung, einem Verlierer den Rücken gestärkt zu haben, und unternahm nun den Versuch, seine Verluste möglichst klein zu halten.

Wochen später erfuhr Ury den Grund für den plötzlichen Sinneswandel. Die örtlichen Gewerkschaftsfunktionäre hatten die Vereinbarung ihrem Rechtsanwalt vorgelegt, von dem wir vorher nie etwas gehört hatten. Der Rechtsanwalt machte drei Einwände geltend: 1. Eine lokale Vereinbarung schuf einen unerwünschten Präzedenzfall. 2. Das Unternehmen konnte trotz seines schriftlichen Versprechens gerichtlich gegen Gewerkschaftsführer, die an Treffen vor Streiks teilgenommen hatten, vorgehen. 3. Das Versprechen des Unternehmens, gegen Streikende keine Disziplinarmaßnahmen zu ergreifen, würde einer gerichtlichen Überprüfung möglicherweise nicht standhalten. Außerdem legte er dieses Versprechen so aus, als ob das Unternehmen nur vierundzwanzig Stunden warten würde, bevor es gegen einen Bergarbeiter Maßnahmen ergriff. Tatsächlich bedeutete diese Klausel aber, daß gegen Streikende keine Maßnahmen ergriffen werden konnten – selbst wenn sich die Mehrheit gegen einen Streik aussprach –, so lange sie innerhalb von vierundzwanzig Stunden an ihren Arbeitsplatz zurückkehrten.

In der dritten Juniwoche stimmten die Bergarbeiter mit 144 zu 23 Stimmen gegen die Annahme der Vereinbarung. Es war ein Mißtrauensvotum gegen die Geschäftsführung, gegen die Gewerkschaftsführung und vielleicht auch gegen uns.

Warum hatten die Bergarbeiter mit einer so überwältigenden Mehrheit gegen die so sorgfältig ausgehandelte Vereinbarung gestimmt? Im nachhinein betrachtet halten wir vier Faktoren für maßgeblich.

1. Die Masse der Bergarbeiter mißtraute der Betriebsleitung auch weiterhin. Sie glaubten ganz einfach nicht, daß sie ihre Versprechen auch tatsächlich halten würde. Auch unsere Einwirkung hatte dieses Mißtrauen nicht ab-

bauen können. Wenn die neuen Verfahren wirklich akzeptiert werden sollten, dann mußte eine andere geistige Einstellung gefunden werden. Vielleicht hätten wir die Bergarbeiter vor der Ratifizierung die neuen Verfahren ausprobieren lassen sollen, um zu prüfen, ob die Geschäftsführung ihren Verpflichtungen nachkommt.

2. Anders als die Geschäftsführung war die Masse der Bergarbeiter nicht an dem Entwurf der Vereinbarung beteiligt. Die Gewerkschaftsführung hatte es unterlassen, sich während der Entwicklung mit ihnen zu beraten. Die neuen Verfahren boten den Bergarbeitern zwar mehr Möglichkeiten, sich zu ihrem Fall zu äußern, und räumten ihnen gleichzeitig mehr Kontrolle über die Bearbeitung des Streitfalls ein. Doch waren sie von dem Entstehungsprozeß der Vereinbarung ausgeschlossen worden. Ironischerweise scheiterte die Vereinbarung genau an dem Problem, das sie zu lösen suchte.

3. Die Vereinbarung wurde als Zusatz zu dem Manteltarifvertrag angesehen. Im Kohlebergbau wurde der Vertrag fast wie eine Bibel verehrt. Etwas hinzuzufügen hieß »hineinpfuschen«. Eine Reihe von Bergarbeitern verkündete ganz einfach: »Mir reicht der Vertrag!«

4. Auch die Ablehnung der Vereinbarung durch den Rechtsanwalt schwächte die Begeisterung der Gewerkschaftsführer und hat sie möglicherweise von dem Versuch abgehalten, die Skepsis der Bergarbeiter zu überwinden. Vielleicht fühlte sich der Rechtsanwalt von der Entwicklung eines neuen Konfliktlösungssystems ausgeschlossen. Außerdem bedeuteten die Verfahrensänderungen, daß er künftig in den Streitigkeiten eine untergeordnetere Rolle spielen würde als bisher.

Das Abstimmungsergebnis führte uns klar vor Augen, wie wichtig es war, die Gegner von Veränderungen zu bestimmen und Wege zu finden, sie in den Prozeß zu integrieren oder, sollte das nicht möglich sein, ihren Widerstand zu brechen. Dies erwies sich für den Entwurf eines Konfliktlösungssystems als äußerst wichtig. Das Abstimmungsergebnis stellte die Veränderungen in Frage und machte eine erneute Überprüfung unserer Strategie notwendig.

Überprüfung und Neuentwurf

Einen Tag nach der Abstimmung besuchte Ury Ratliff zu Hause und sprach mit ihm über seine ganz offensichtliche Absage an die Vereinbarung. Ratliff erklärte, daß die Bergarbeiter die Vereinbarung nicht angenommen hatten, weil sie jede andere Übereinkunft mit der Betriebsleitung, mit Ausnahme des Tarifvertrages, für unklug hielten. Aber die Vereinbarung könne, fügte er hinzu, immer noch auf informeller Basis eingeführt werden. Drohte ein Streik, würde er sich mit der Betriebsleitung treffen und eine Diskussionsrunde für die Bergarbeiter organisieren. Außerdem würden er und andere Gewerkschaftsführer, selbst wenn ein Streik stattfände, zur Arbeit kommen.

Die Betriebsleitung akzeptierte Ratliffs Vorschlag. Sexton erklärte, daß das Unternehmen den angekündigten Verpflichtungen nachkommen werde. Und so sah es nach der anfänglichen Zurückweisung der Vereinbarung durch die Bergarbeiter doch noch so aus, als ob das Programm wie geplant ablaufen würde. Allerdings mit dem einzigen Unterschied, daß es sich bei dem Verfahren vor einem Streik nicht um eine schriftliche Vereinbarung handeln würde, sondern vielmehr um einen Modus vivendi; beide Seiten würden versuchen, sich daran zu halten.

Die Rolle des Systemdesigners etablieren

Angesichts des bestehenden hochgradigen Mißtrauens im Bergwerk brachten weder die Betriebsleitung noch die Gewerkschaft Ury am Anfang Vertrauen entgegen. Sein größtes Glaubwürdigkeitsproblem hatte er bei den Bergarbeitern, weil er durch seine persönliche Entwicklung und seinen sozialen Status der Betriebsleitung näher stand als der Gewerkschaft. Um das Mißtrauen der Bergarbeiter abzubauen und so viel wie möglich über das Bergwerk zu lernen, bat Ury, mit unter Tage gehen zu dürfen. Er wurde mit Bergarbeiterkleidung ausgestattet und mit den Sicherheitsinstruktionen vertraut gemacht. Bergarbeiter trugen schwarze Schutzhelme, Manager weiße; Ury bat um einen grünen, um seine Neutralität zu signalisieren. Er ging drei aufeinanderfolgende Tage sowohl mit der Früh- als auch mit der Spätschicht ins Bergwerk, um auf diese Weise alle Bergarbeiter kennenzulernen.

Ury brachte auch alle seine Sachen vom Umkleideraum der Manager in den Waschraum der Bergarbeiter. Er verfolgte damit zwei Ziele: Er wollte sich mit den Bergarbeitern identifizieren und einen guten Grund haben, dort zu sein, wo die meisten Gespräche stattfanden.

Sein Einzug verlief nicht ganz ohne Zwischenfälle. Ein Bergarbeiter rief, als er Ury sah: »Was will der denn hier? Hängen wir ihn auf!«

Im ganzen reagierten die Bergarbeiter und Vorarbeiter jedoch positiv auf Urys Erscheinen unter Tage. Angenehm überrascht von seinem Interesse an ihrer Arbeit, erklärten sie ihm den Umgang mit den Maschinen und erzählten ihm von ihrer Arbeit. Einige Bergarbeiter bestanden darauf, daß er sich der Aufnahmeprüfung für Bergarbeiter (dem »hairing«) unterzog, ein Ritual, bei dem eine Gruppe von Bergarbeitern dem Opfer ein paar Schamhaare abschneidet. Die Nachricht, daß er diesem Ritual unterzogen worden war, verbreitete sich schnell unter den anderen Bergarbeitern und führte zu einer veränderten Haltung und Kommentaren wie: »Jetzt bist du ein richtiger Bergarbeiter. Einer von uns!«

Ury verbrachte auch Zeit mit Vorarbeitern und Managern, die er über ihre Arbeit und die Leitung des Bergwerks befragte. Er wollte nicht nur so viel wie möglich lernen, sondern auch demonstrieren, daß er sowohl an den Sorgen der Betriebsleitung als auch an denen der Bergarbeiter interessiert war.

Ury begann persönliche Beziehungen zu Ratliff und Thacker aufzubauen. Er aß mit Ratliff zu Mittag, spielte

Billard mit ihm, lernte seine Frau und seine Kinder kennen, übte mit ihm Schießen und ging mit ihm und anderen Gewerkschaftern nachts zum Fischen. Er aß auch mit Thacker und dessen Familie zu Abend und war zur Geburtstagsfeier von Thackers Sohn zu Gast. Er wollte das Vertrauen jeder einzelnen Führungskraft gewinnen und ein persönliches Verhältnis aufbauen, das es ihm ermöglichen würde, ihnen Rückmeldungen zu geben, ohne sie zu kränken.

Die Verfahren informell einführen

Trotz der Zurückweisung der Vereinbarung begannen Gewerkschaft und Geschäftsführung die meisten Veränderungen wie vereinbart einzuführen. Die Geschäftsführung stellte einen für die Personalpolitik zuständigen Manager ein, der die Streitfälle selbst entscheiden konnte, und sorgte dafür, daß stets ein Mitglied des Bergarbeiterkomitees anwesend war, wenn eine Suspendierung zur Diskussion stand. Die Gewerkschaft stellte für jede Schicht ein Mitglied des Bergarbeiterkomitees ab, um mit den Kumpeln ihre Beschwerden zu erörtern. Außerdem beriet die Betriebsleitung sich mit Gewerkschaftsführern, wenn umstrittene Maßnahmen ergriffen werden sollten, und begann sogar, sich mit den Bergarbeitern über bestimmte schwierige Probleme zu beraten.

Die Veränderung läßt sich am besten an der Vorgehensweise des Unternehmens während der Bombendrohungen verdeutlichen. In Urys zweiter Woche in Caney Creek erklärte ein anonymer Anrufer, daß er im Bergwerk eine Bombe gelegt und den Zeitzünder so gestellt habe, daß sie bei Schichtwechsel explodiere. Die Betriebsleitung informierte die zur Schicht kommenden Bergarbeiter. Siebenunddreißig der vierundvierzig Bergarbeiter zogen es vor, nicht zu arbeiten, und verloren dadurch den Lohn für eine Schicht. Ury schlug Thacker vor, er solle die Bergarbeiter in ähnlich gelagerten Fällen um Rat fragen, um ihrem Arbeitsinteresse zu entsprechen. Thacker befolgte den Rat, als einige Tage später eine zweite Bombendrohung einging. Ein Bergarbeiter schlug vor, die Kassette abzuspielen, die die Betriebsleitung während des Anrufs aufgezeichnet hatte. Thacker stimmte zu, in der Hoffnung, selbst bei Nichtidentifizierung des Anrufers die Bergarbeiter in einen Entscheidungsprozeß einzubinden. Im Gegensatz zu allen vorhergehenden Bombendrohungen kamen alle Bergarbeiter zur Schicht, nachdem das Bergwerk auf Bomben untersucht worden war.

Nach Einbeziehung der Bergarbeiter in die Lösung des Problems begannen sie an der Glaubwürdigkeit der Bombendrohungen zu zweifeln. Sie betrachteten die Drohungen als Versuch, sie von der Arbeit abzuhalten und um ihren Lohn zu bringen. Trotz weiterer Drohungen während des Sommers arbeitete die Mehrheit der Bergarbeiter ohne Unterbrechung weiter.

Auch andere geplante Veränderungen wurden durchgeführt. Wie vereinbart gaben Ratliff und Kilgore ihre Rollen im Beschwerdeweg auf. Sowohl Betriebsleitung als auch Gewerkschaftsführer forderten die Bergarbeiter zu offenen Gesprächen über ihre Probleme auf. Von seiten der Bergarbeiter gab es keine Klagen über Vergeltungsmaßnahmen, wenn sie Beschwerden vorgebracht hatten. Die Betriebsleitung hielt ihr Versprechen und stellte, nachdem die Arbeitskämpfe nachgelassen hatten und die Produktion angestiegen war, entlassene Bergarbeiter wieder ein. Kilgore organisierte ein Picknick für Gewerkschaft und Betriebsleitung – ein Zeichen dafür, daß die Betriebsleitung sich zu mehr Begegnungen auf gesellschaftlicher Ebene verpflichtet fühlte.

Die vor Streikausbruch vereinbarten Verfahren wurden in einer einzigen Situation dieses Sommers getestet. Anstatt in Streik zu treten, warteten die Bergarbeiter in den Waschräumen, bis Ratliff das Problem mit Thacker diskutiert hatte. Ratliff kam mit dem Vorschlag der Betriebsleitung zurück, und die Bergarbeiter beschlossen, nicht zu streiken.

Kurz, Betriebsleitung und Gewerkschaft verbesserten

wie vereinbart die Chancen für die auf Interessenausgleich gerichteten Verhandlungen und führten Veränderungen mit dem Ziel ein, Probleme zu erkennen und sie zu lösen.

Der Systemdesigner als Lehrer

Diesen Sommer konzentrierte sich Ury im Bergwerk auf den Umgang mit Konflikten. Er war nicht im eigentlichen Sinne des Wortes als Schlichter tätig. So leitete er beispielsweise keine Treffen und machte selten grundlegende Vorschläge. Er half vielmehr, die neuen Verfahren einzuführen. Er verbrachte jeden Tag im Bergwerk und sprach mit der Betriebsleitung, den Gewerkschaftsführern und den Bergarbeitern. Er achtete auf Beschwerden und identifizierte aufkeimende Konflikte. Er sorgte dafür, daß Treffen unmittelbar stattfanden und daß Probleme vollständig behandelt wurden. Er nahm an fast jedem Treffen teil und drängte jede Seite, der problemlösenden Verhandlung eine Chance zu geben.

Urys maßvolle Rolle wird durch den ersten aufkommenden Streitfall verdeutlicht. Moses Kinder, ein Bergarbeiter, der erst vor kurzem wiedereingestellt worden war, beschwerte sich darüber, daß ein jüngerer Kollege auf der »Seniorenleiter« drei Wochen vor ihm wiedereingestellt worden war. Kinder wollte nun den Lohn für die drei Wochen Arbeit erhalten, der ihm seiner Meinung nach ungerechterweise vorenthalten worden war. Als er das Thema mit seinem Komiteemitglied besprach, teilte dieses ihm mit, er solle zuerst mit seinem Vorarbeiter sprechen, und verhielt sich genau so, wie die Gewerkschaftsführer es versprochen hatten.

Als Ury von der Beschwerde erfuhr, erörterte er das Problem mit Lucas, dem neuen für die Personalpolitik zuständigen Manager in Caney Creek. Lucas, ein ehemaliger Gewerkschaftsfunktionär aus Harlan County, war erst einige Tage vorher eingetroffen. Er traf sich mit Kinder. Ury war zwar anwesend, beschränkte seine Rolle aber darauf, die jeweiligen Ansichten zu erläutern und sicherzustellen, daß das Problem sofort in Angriff genommen wurde. Lucas entschied, daß dem Unternehmen ein Fehler unterlaufen war, und stimmte zu, Kinder die 2000 Dollar zu zahlen, die man ihm schuldete. Früher hätte die Betriebsleitung wahrscheinlich mit einer derartigen Beschwerde alle Stufen bis zum Schiedsgericht durchlaufen. Lucas' Entscheidung hatte die Bergarbeiter beeindruckt; sie akzeptierten ihn als fairen Verhandlungspartner mit der nötigen Autorität, um Streitfälle zu entscheiden.

Bei einigen wenigen Gelegenheiten hielt Ury es jedoch für angebracht, sich aktiv zu beteiligen, weil die Parteien in ihre uralten Gewohnheiten zurückfielen und die Verhandlungsstufen entweder als pro forma oder als Gelegenheit betrachteten, ihre eigenen Rechte geltend zu machen und die andere Seite zu kritisieren. Dies war besonders bei dem ersten formellen Beschwerdetreffen der Fall, das während seines Aufenthalts im Bergwerk abgehalten wurde. Ury hielt es für ganz besonders wichtig, daß diese Beschwerde zu jedermanns Zufriedenheit entschieden wurde, um die Menschen davon zu überzeugen, daß problemlösende Verhandlungen tatsächlich funktionieren konnten.

Die Beschwerde kam von James Robinette, einem Elektriker der Nachtschicht, der der Übertagewerkstatt zugewiesen worden war. Er beschwerte sich darüber, daß er seit zwei Wochen jede Nacht unter Tage Maschinen reparieren mußte. Er wollte, daß die Betriebsleitung die Bergarbeiter der Nachtschicht mit einigen Reparaturarbeiten betraute, damit er einen Teil der Zeit über Tage arbeiten konnte. Obgleich diese Beschwerde im formellen Vertrag keine Grundlage hatte, betrachtete Robinette es als unfair, einen Elektriker für Übertagearbeiten unter Tage arbeiten zu lassen, wenn er genug Arbeit in der Werkstatt hatte. Die Betriebsleitung wollte dieser Bitte nicht entsprechen. Der Vorarbeiter für die Instandsetzungsarbeiten vertrat die Betriebsleitung in der 2. Stufe des Beschwerdeverfahrens. Er erklärte, daß eine ungewöhnlich hohe Zahl von

Instandsetzungsarbeiten aufgetreten und daß der Nachtschicht eine große Zahl von Bergarbeitern ferngeblieben war. Dementsprechend, so erklärte er, benötigte die Betriebsleitung dringender Leute wie Robinette für Wartungsarbeiten unter Tage als über Tage.

Ury hörte zu, erläuterte das Problem und stellte gelegentlich Fragen. Als er eine Möglichkeit sah, den Streit beizulegen, machte er die Parteien darauf aufmerksam. Der Betriebsleitung schlug er vor, daß Robinettes Vorarbeiter ihm eine Liste der Arbeiten geben könne, die er in der Werkstatt erledigen könne, wenn er unter Tage nicht gebraucht würde. So würde er nicht unter Tage geschickt, nur weil ihm keine Arbeit in der Werkstatt zugewiesen worden war. Diese Lösung würde Robinettes Interesse an einer gerechten Verteilung der Arbeit über Tage befriedigen sowie dem Interesse der Betriebsleitung entsprechen, ihn für dringende Arbeiten unter Tage zur Verfügung zu haben. Robinette erklärte, daß er mit diesem Vorschlag einverstanden war. Der Vorarbeiter für die Instandsetzungsarbeiten war zunächst dagegen, stimmte aber schließlich doch zu. Beide Seiten gingen aus diesem Konflikt erfahrener und zufrieden hervor. Früher hätte sich der Fall verhärtet oder gar einen Streik hervorgerufen. Äußerst überrascht über den Ausgang erklärte ein Mitglied des Bergarbeiterkomitees, daß es die erste Beschwerde in seiner Laufbahn gewesen sei, die die Betriebsleitung bereits in der zweiten Stufe entschieden hatte.

Wie die Beispiele verdeutlichen, erfüllte Urys Anwesenheit mehrere Zwecke. Allein die Anwesenheit einer dritten Partei veranlaßte die Streitparteien, sich vernünftig zu verhalten, und übte einen sanften Druck auf sie aus, zu einer Einigung zu gelangen. Urys Anwesenheit stand für die Verpflichtung beider Parteien, Differenzen mit der anderen Seite zu bereinigen. Er diente als Vermittler. Seine häufigen Gespräche über die Art und Weise, wie Menschen mit bestimmten Streitfällen umgehen, halfen den Konfliktparteien, den Wert der problemlösenden

Verhandlung zu erkennen. Wann immer die Parteien rechthaberisch handelten, versuchte Ury die Aufmerksamkeit wieder auf die eigentlichen Interessen zu lenken.

Zusätzlich zur Fortbildung bot Ury für eine Gruppe von fünfzehn Gewerkschaftsfunktionären und Managern einen Workshop in problemlösender Verhandlung an. Die gemeinsame Schulung begann mit einer Diskussion über Konflikte zwischen Betriebsleitung und Gewerkschaft. Danach band Ury die Teilnehmer in eine Vertrauensübung ein, die das klassische »Gefangenendilemma« behandelte: Die Teilnehmer bildeten zwei Gruppen, die sich beide sowohl aus Vertretern der Gewerkschaft als auch der Betriebsleitung zusammensetzten. Arbeiteten beide Gruppen zusammen, gewannen beide; arbeiteten sie nicht zusammen, gewann keiner. War nur eine Gruppe kooperativ, gewannen die, die nicht kooperierten, während die anderen schwere Verluste davontrugen. Wie erwartet, erklärte die eine Gruppe der anderen, daß sie gewillt war, zusammenzuarbeiten, und hinterging die andere Gruppe dann. (Für uns war die Tatsache interessant, daß Ratliff dieses Täuschungsmanöver durchführte.) Die Gruppe erkannte nun, wie leicht es war, Mißtrauen zu erwecken, und versuchte Wege zu finden, dieses Mißtrauen abzubauen.

Danach präsentierte Ury der Gruppe die problemlösende Verhandlung. Er führte Übungen durch, in denen die Teilnehmer den Umgang mit Beschwerden und Streiks simulierten. Gewerkschafter übernahmen dabei die Rolle der Manager und umgekehrt. Nach dieser Übung erklärten viele Teilnehmer, daß sie nun die Rolle der anderen Seite besser verstehen könnten.

Ury hat die Parteien nicht nur unterstützt und geschult, sondern hat weiter als Beobachter mitgewirkt, als die neuen Verfahren in Betrieb genommen wurden. Seine Gegenwart spornte die lokale Gewerkschaft und die Betriebsleitung an, ihre Streitigkeiten mit Hilfe der problemlösenden Verhandlung beizulegen. Mit all diesen Maßnahmen wollte Ury das neue Konfliktlösungssystem stärken, das in seinen Anfängen noch sehr anfällig war. Er nahm nicht aktiv an der Schlichtung von Streitfällen teil, weil er fürchtete, er könnte die Parteien zu sehr von sich abhängig machen. Ebenso wie ein neues Gebäude ohne Gerüst stehen muß, so mußten die Verfahren auch ohne ihn funktionieren.

Veränderungen im Konfliktlösungssystem des Bergwerks

Im Sommer 1980 lösten die Bergarbeiter ihre Streitigkeiten auf ganz andere Weise, als sie es in den zwei vorangegangenen Jahren getan hatten. Es fanden keine Streiks statt, obgleich zweimal Arbeitskämpfe angedroht worden waren. Auch war keine Zunahme von formellen Beschwerden zu verzeichnen. Die Gewerkschaft legte nur drei formelle Beschwerden ein, die alle das Direktionsrecht betrafen und in der zweiten Stufe entschieden wurden; keine der Beschwerden ging in die dritte Stufe oder kam vor ein Schiedsgericht. Anstatt wie Feinde über vertraglich festgelegte Rechte zu streiten, begannen die Parteien, ihre jeweiligen Vorstellungen zu besprechen, zuzuhören, ihre grundlegenden Interessen hervorzuheben und sich gegenseitig zu überzeugen. Auf Interessenausgleich zielende Verhandlungen wurden zur allgemein anerkannten Handlungsmaxime.

Bedeutsamerweise waren die Veränderungen jedoch nicht das Ergebnis einer Versöhnungspolitik seitens der Betriebsleitung. Thacker behauptete sich einmal und überzeugte die lokalen Gewerkschaftsfunktionäre davon, daß sie in diesem Fall keinen Erfolg haben würden. In einem anderen Fall suspendierte er einen Bergarbeiter wegen unentschuldigten Fehlens und überzeugte den Bergarbeiter – ein Mitglied des Bergarbeiterkomitees war bei diesem Gespräch anwesend –, daß es sich um eine gerechte Maßnahme handelte.

Die Bergarbeiter waren nun gewillt, in potentiellen Streiksituationen zugunsten der Betriebsleitung und der

Gewerkschaft zu entscheiden. Nach einem angedrohten Streik vertraute der Gewerkschaftspräsident Ury an: »Mich begeistert an dieser Sache, daß mir gestern morgen zuerst alle Männer aufmerksam zugehört haben und mir anschließend noch eine Schlichtungschance einräumten.«

Abschiednehmen

Bereits in der ersten Augustwoche traten Bergarbeiter häufig mit Beschwerden an Ury heran. Er hörte aufmerksam zu, erklärte ihnen, daß er der Sache nachgehen würde, und leitete sie an die entsprechenden Vertreter der Gewerkschaft oder der Betriebsleitung weiter. Anstatt direkt tätig zu werden, versuchte Ury, die Parteien darauf vorzubereiten, auch ohne ihn zurechtzukommen. Er wollte die Abhängigkeit von ihm immer weiter abbauen.

In der dritten Augustwoche schließlich war Urys Auftrag beendet. Er traf sich mit dem Kommunikationskomitee des Bergwerks, um seine Analyse und seine Empfehlungen zu diskutieren. Er hielt auch vor jeder der drei Schichten eine Rede und betonte, daß für die Schwierigkeiten im Bergwerk nicht irgendwelche Unruhestifter verantwortlich waren, sondern die gestörte Kommunikation zwischen den Parteien und die viel zu seltene Anwendung der problemlösenden Verhandlung. Er gratulierte den Bergarbeitern und Vorarbeitern zu der besseren Beziehung zwischen den Sozialpartnern und vertrat die Meinung, daß weder die Bergarbeiter noch die Betriebsleitung versuchten, die andere Seite zu übervorteilen.

Die Ergebnisse auswerten

Haben die neuen Verfahren funktioniert?

Es gab auch weiterhin Streitigkeiten in Caney Creek. Das ist allerdings angesichts des zugrundeliegenden strukturellen Konflikts zwischen Betriebsleitung und Arbeitnehmern ganz normal. Das Modell der Konfliktlösung änderte sich zwar erheblich, bestand jedoch auch acht Jahre nach Einführung noch.

Ein Jahr nach dem Neuentwurf des Konfliktlösungssystems meldeten sowohl die Gewerkschaft als auch die Betriebsleitung einen beachtlichen Fortschritt. Die Zahl der Schlichtungsgespräche blieb hoch: Die Bergarbeiter berichteten, daß sie ihre Probleme öfter zur Sprache brachten und daß die Betriebsleitung sich stärker um Lösungen bemühte. Auch die Zufriedenheit mit den Ergebnissen nahm zu. Beide Seiten berichteten von einer beträchtlichen Verbesserung ihrer Beziehung. Elf Monate lang verzeichnete das Bergwerk keinen Streik, und seine Schließung stand gar nicht mehr zur Debatte.

Es gab zwei Beinahe-Streiks – einer im September 1980 und der andere im Januar 1981. In jedem dieser Fälle blieben die Bergarbeiter in den Waschräumen und weigerten sich, an ihren Arbeitsplatz zu gehen. Die Gewerkschaftsführer trafen sich mit der Betriebsleitung, um das Problem zu diskutieren. Nach der Beratung kehrten die Bergarbeiter an ihren Arbeitsplatz zurück. Sie führten also praktisch die Verfahren durch, die wir in unserer Vereinbarung beschrieben hatten. Auch das war ein Fortschritt.

Nach fast einem Jahr ohne Arbeitskampf ging es wieder los. Im März 1981 fanden zwei Streiks statt, beide standen in direktem Zusammenhang mit den Tarifverhandlungen, die zu diesem Zeitpunkt geführt wurden. Zu sechs weiteren Streiks kam es zwischen Juli 1981 und Mai 1982. Streitpunkte waren eine Entlassung, ein begehrter Arbeitsplatz, der abgebaut wurde, und ein Vorarbeiter, der einen Bergarbeiter geschlagen hatte und dafür nur geringfügig bestraft worden war. Anders als andere Streitpunkte, die früher zu Streiks geführt hatten, waren die Konflikte diesmal wirklich wichtig und wurden sowohl von der Gewerkschaft als auch von der Betriebsleitung auch so eingeschätzt – eine Tatsache, die von ihnen als Fortschritt gewertet wurde.

Gelegentliche Streiks traten auch weiterhin während

der Laufzeit des Tarifvertrages von 1984 auf. In den drei Jahren und vier Monaten, während derer der Tarifvertrag in Kraft war, verzeichnete das Bergwerk fünf Streiks; im Durchschnitt streikte man also alle acht Monate. Das war keine ideale, aber eine für die Kohleindustrie normale Streikrate. Die Streitpunkte, die den Streiks zugrunde lagen, wurden auch weiterhin als bedeutsam eingestuft. Streik- oder Bombendrohungen gab es nicht. Das Unternehmen vermied auch weiterhin die Anrufung eines Gerichts. Lucas erklärte folgendes dazu: »Vor Gericht wird nichts geklärt. Nach einem Urteil muß die Sache ja doch im Bergwerk geregelt werden.«

Die Betriebsleitung führte Beratungsgespräche durch und hörte sich jede Beschwerde an, gleichgültig ob sie auf einem formellen oder informellen Vertrag beruhte. »Wenn wir über Beschwerden sprechen, sehen wir die menschliche Seite, ganz gleich ob wir vertraglich dazu verpflichtet sind oder nicht«, berichtete Lucas. Als Beispiel führte er den Aushang an, in dem das Unternehmen zeitlich begrenzte Arbeitsplätze anbietet, zu dem es nicht verpflichtet ist, sowie die Ausbildung von Bergarbeitern für eine Tätigkeit über Tage, damit sie, wenn eine Stelle frei wird, sich um diesen Arbeitsplatz bewerben können. Die Statistik für die zweite Hälfte des Jahres 1987 war besonders beeindruckend: Nur drei schriftliche Beschwerden wurden eingelegt, die alle auf der zweiten Stufe beigelegt wurden.

Es liegt klar auf der Hand, daß die Bemühungen um ein Konfliktlösungsmodell zu den wesentlichen Veränderungen in Caney Creek beigetragen haben. Die Konfliktlösung kostete weniger Geld und Zeit; die Beziehungen verbesserten sich, und die Vereinbarungen waren für alle Beteiligten zufriedenstellender. In den folgenden Jahren gab es zwar Höhen und Tiefen in der Beziehung; die Konfliktlösung war aber immer weniger kostspielig als vor unserer Intervention. Der Gewerkschaftsvertreter des Distrikts erklärte uns Anfang 1988 nachdenklich: »Schon kurz nachdem Sie angefangen hatten, änderte sich alles.

Bis zu dem Zeitpunkt kam es wegen jeder Kleinigkeit zum Streik. Jetzt streiken sie nicht mehr als in jedem anderen Bergwerk. Und wenn sie wirklich streiken, dann für einen Tag und nicht wie früher für eine Woche. Sie haben wirklich etwas verändert.«

Warum haben die neuen Verfahren funktioniert?

Wie läßt sich der Erfolg in Caney Creek erklären? Zwei Faktoren sind besonders wichtig. 1. Die Situation war reif für eine Veränderung. Das Bergwerk hatte unter einer destruktiven Entwicklung gelitten und sollte zudem noch geschlossen werden. In dieser Situation boten sich neue Verfahren an. Außerdem, so erklärten uns Vertreter der Gewerkschaft und der Betriebsleitung, war es für viele neu in Betrieb genommene Bergwerke nicht ungewöhnlich, eine Periode des, wie sie es nannten, »Zur-Ruhe-Kommens« zu durchlaufen. Sie erlebten also eine Vielzahl von Kämpfen um Rechts- und Machtpositionen, bis das Gleichgewicht ausreichend hergestellt war. Danach traten weniger Streitfälle auf und wurden umgehend gelöst. Obgleich die Situation in Caney Creek länger angedauert hatte und mit größerer Unruhe als je zuvor verbunden war, vertreten einige Gewerkschafter und Manager die Theorie, daß zum Zeitpunkt unserer Intervention der Punkt des »Zur-Ruhe-Kommens« erreicht war.

Der zweite für den Erfolg maßgebliche Faktor war unsere Bemühung um ein Konfliktlösungssystem. Wir entwickelten neue Konfliktstrategien und legten einen besonderen Akzent auf die Förderung von Motivation, Fertigkeiten und Mitteln für die auf Interessenausgleich basierenden Verhandlungen. Wenn ein auf Recht basierender Beschwerdeweg nicht die Funktionen erfüllen konnte, die ein wilder Streik erfüllte – sich mit dem informellen Vertrag befassen, ein gewisses Gefühl der Kontrolle über den Ausgang vermitteln und den Bergarbeitern Gelegenheit geben, sich zur Sache zu äußern –, konnte es nur die interessenorientierte Verhandlung. Und sie konnte dies weit kostengünstiger als Streiks. Wir versuchten auch ein Verfahren einzuführen, das zu Verhandlungen vor einem Streik ermutigt oder bei einem Fehlschlag die Streikdauer verkürzt. Insgesamt haben wir so die Aufmerksamkeit von Macht und Recht auf die Interessen der Beteiligten zu lenken versucht.

Zusätzlich zu unserem Entwurf war der Umgang mit den Konfliktparteien von entscheidender Bedeutung. Von Anfang an bezogen wir die Hauptakteure in unsere Untersuchung und unsere Planung ein, und zwar nicht nur, um von ihren Ideen und Kenntnissen zu profitieren, sondern auch, um Unterstützung für Veränderungen zu erhalten und um möglichem Widerstand entgegenzutreten. Auch unsere »Follow-up«-Gespräche bei der Inbetriebnahme des Systems waren von Bedeutung. Wir überredeten die Konfliktparteien, die neuen Verfahren auszuprobieren, und halfen ihnen, die Fertigkeiten für die problemlösende Verhandlung zu entwickeln, um die Verfahren wirksam einsetzen zu können.

Zur selben Zeit, als wir in Caney Creek arbeiteten, entwickelte Goldberg ein Schlichtungsverfahren für Beschwerden, von dem er hoffte, daß es sich in der Kohleindustrie etablieren würde. Goldberg war aufgrund unserer Erfahrungen in Caney Creek davon überzeugt, daß eine interessenausgleichende Schlichtung weniger kostspielig sein würde als ein interessenausgleichendes Schiedsverfahren, da das Schlichtungsverfahren die wahren Ursachen der Beschwerde aufdecken könne. Hier bot sich also eine Gelegenheit, das Konfliktlösungssystem nicht nur eines einzigen Bergwerks zu verändern, sondern das eines ganzen Industriezweiges. Das folgende Kapitel beschreibt unsere Bemühungen.

7. Kapitel

Die Konfliktkosten für einen Wirtschaftszweig senken

Das Schlichtungsprogramm für Beschwerden

Ende 1979 schließlich war Goldberg, der seit mehr als fünf Jahren als Schiedsrichter in der Kohleindustrie tätig war, völlig frustriert über die Flut und die Art der Fälle, über die er entscheiden sollte. Zu vielen Streitgegenständen bezog der Vertrag eindeutig Stellung. Warum also, fragte er sich, kamen solche Fälle immer wieder vor ein Schiedsgericht? Auch jene Streitfälle gaben Goldberg zu denken, bei denen die Gerichtskosten, die zu Lasten des Unternehmens und der Gewerkschaft gingen, den Streitwert überstiegen und bei denen es nicht um wichtige, die Vertragsauslegung betreffende Streitfragen ging. So kamen zum Beispiel viele Fälle vor ein Schiedsgericht, bei denen ein Bergarbeiter sich darüber beklagte, daß jemand anderes gebeten worden war, am Samstag zu arbeiten, obgleich man ihm doch diese Arbeit zuerst hätte anbieten müssen. Gewann der Bergarbeiter den Fall, erhielt er ungefähr 150 Dollar. Die von dem Unternehmen und der Gewerkschaft zu tragenden Gerichtskosten hingegen beliefen sich mindestens auf die dreifache Summe. Dies war sicherlich kein Präzedenzfall von Bedeutung, da die Verteilung der Samstagsarbeit seit 1971 Bestandteil des Manteltarifvertrages ist und bereits in Hunderten von schiedsgerichtlichen Entscheidungen Streitgegenstand war. Nichtsdestoweniger wurden Goldberg immer wieder solche Fälle zur Entscheidung vorgelegt.

Goldbergs Erfahrung war nicht außergewöhnlich. Mitte der 70er Jahre wurden Schiedsgerichte in der Kohleindustrie weitaus häufiger angerufen als in anderen Industriezweigen. Zwischen 1974 und 1977 kamen mehr als 8000 Fälle vor ein Schiedsgericht. Die Honorare für Schiedsrichter beliefen sich für diesen Zeitraum auf mehr als 2 Millionen Dollar. Zusätzliche Kosten ergaben sich aus Produktionseinbußen, verursacht von jenen, die in irgendeiner Form an dem Schiedsverfahren beteiligt waren, sowie aus den Nebenkosten (Anreisekosten, Abschriften der Anhörungen, Kopien von Dokumenten etc.). Alles in allem beliefen sich die Transaktionskosten für Schiedsverfahren in der Kohleindustrie auf mehr als eine Million Dollar jährlich.

Hohe Transaktionskosten waren allerdings nur ein Teil des Problems. Wieder aufflammende Konflikte waren die Regel; im großen und ganzen kamen immer wieder dieselben Fälle vor das Schiedsgericht. Das völlig überlastete System war häufig zu langsam. Wie bei jedem Rechtsverfahren liefen die Ergebnisse darauf hinaus, daß ein Gewinner und ein Verlierer ausgemacht wurden und kaum die Chance auf einen beiderseitigen Gewinn gegeben war. Die Gewerkschaft verlor die meisten Streitfälle – eine Tatsache, die natürlich zwangsläufig zur Unzufriedenheit der Bergarbeiter mit dem Schiedsverfahren beitrug. Aber auch die Arbeitgeber verloren eine große Anzahl der Streitfälle, so daß auch sie sich gelegentlich über schiedsrichterliche Inkompetenz beklagten. Und schließlich fügten die häufigen Schiedsverfahren der Beziehung erheblichen Schaden zu. Der Wunsch, sie für sich zu entscheiden, brachte die eine Seite dazu, Bemerkungen oder Vorwürfe vorzubringen, die die andere Seite für ungerecht hielt, und führte manchmal zu ähnlichen Bemerkungen und Vorwürfen von der anderen Seite. Aber selbst wenn es nicht dazu kam – die Streitereien machten eine konstruktive Zusammenarbeit immer weniger möglich.

Das bestehende Konfliktlösungssystem bewerten

Das große Vertrauen der Gewerkschaft in das Schiedsverfahren ließ sich nach Goldbergs Erkenntnis nicht mit überragenden Fertigkeiten oder Fähigkeiten erklären. Vertreter der Gewerkschaft besaßen im allgemeinen weniger Geschick als ihre Gesprächspartner aus den Reihen des Managements, die normalerweise eine fundiertere Ausbildung erhalten hatten. Die Mittel der Gewerkschaft zur Finanzierung kostspieliger Schiedsverfahren waren nicht größer als die der großen Kohleunternehmen, mit denen die meisten Schiedsverfahren ausgetragen wurden.

Obgleich Strategien zur Verfügung standen, die vor einem Schiedsverfahren eingesetzt werden konnten (die ersten drei Stufen des vertraglich festgelegten Beschwerdeverfahrens), wurden nur wenige der Streitfälle bereits auf dieser Stufe beigelegt. Unsere Studie über wilde Streiks hatte gezeigt, daß auf der ersten und zweiten Stufe Bergwerksleitungen keine bedeutenden Anstrengungen unternahmen, Probleme zu lösen; vor allen Dingen nicht jene, die sich auf den informellen Vertrag bezogen. Gründete sich nach Einschätzung der Geschäftsleitung der Anspruch des Bergarbeiters nicht auf einem vertraglich zugesicherten Recht, ging die Klage in die dritte Stufe. War der Bergarbeiter mit dem Ergebnis in der dritten Stufe nicht zufrieden, hatte die Gewerkschaft die nötigen Mittel, die Klage vor ein Schiedsgericht zu bringen.

Die UMWA-Vertreter vor Ort werden von den Mitgliedern der örtlichen Gewerkschaften gewählt, und so kann ein Kläger mit politischen Vergeltungsmaßnahmen gegen den UMWA-Vertreter drohen, falls dieser sich weigert, eine Klage ungeachtet ihres möglichen Ausgangs vor ein Schiedsgericht zu bringen. Außerdem war die UMWA, ebenso wie auch andere Gewerkschaften, ihren Mitgliedern eine faire Vertretung schuldig. Sie verletzte diese Pflicht, wenn sie eine Klage aus willkürlichen, diskriminierenden oder zweifelhaften Gründen nicht vor ein

Schiedsgericht bringen würde. Hohe UMWA-Funktionäre hatten Goldberg berichtet, daß sie immer dann Fälle, die jeder Grundlage entbehrten, vor ein Schiedsgericht brachten, wenn bei Unterlassungen die Gefahr einer Klage wegen Pflichtverletzung bestand. Dies erklärte nicht nur die hohe Zahl der Schiedsverfahren, sondern auch der aussichtslosen Fälle, die vor das Schiedsgericht kamen. Auch die für die Personalpolitik zuständigen Manager brachten aus ähnlichen Gründen aussichtslose Fälle vor ein Schiedsgericht. Denn der Vertreter der Arbeitgeberseite ist häufig dem Operations Manager verantwortlich. Wenn dieser der Meinung ist, daß das Unternehmen laut Manteltarifvertrag im Recht ist, kann er darauf bestehen, daß der Fall selbst dann vor ein Schiedsgericht kommt, wenn der Vertreter der Arbeitgeberseite der Ansicht ist, daß die Position des Unternehmens vor einem Schiedsgericht nicht aufrechterhalten werden kann.

Der Systemdesigner hatte unter diesen Umständen (obgleich Goldberg jedoch damals noch nicht so dachte) zwei Aufgaben zu erfüllen: Er mußte auf die Parteien einwirken, die Interessen stärker zu berücksichtigen, die den Beschwerden und den Handlungen der Unternehmensleitung zugrunde liegen, und damit die Chancen für eine ausgehandelte Lösung verbessern. Für jene Beschwerden, die nicht durch Verhandlungen gelöst werden, wird er eine Strategie anbieten, die weniger kostspielig ist als das Schiedsverfahren.

Ein effektives System entwickeln

Das primäre Konzept

Goldberg war anfänglich der Überzeugung, daß ein beratendes Schiedsverfahren mit einer Schlichtungskomponente beide Aufgaben erfüllte. Er war fasziniert von einem Experiment, das Robben Fleming, ein erfahrener Schiedsrichter und Juradozent, mit Studenten des Arbeitsrechts durchgeführt hatte. Fleming hatte jedem Studenten die Zeugenaussagen und Argumente eines Falls, bei dem er Schiedsrichter gewesen war, in die Hand gegeben. Dann hatte er sie das Material studieren und ein Urteil fällen lassen. Die Entscheidungen der Studenten entsprachen denen von Fleming in zwölf von dreizehn Fällen von Vertragsauslegung und in fünfzehn von dreiundzwanzig Fällen von Maßregelung und Entlassung. Fleming schloß daraus, daß Arbeitgeber und Gewerkschaften es eher in Erwägung ziehen sollten, unerfahrene Schiedsrichter hinzuzuziehen, da deren Entscheidungen sehr wahrscheinlich genauso ausfallen würden wie die ihrer erfahreneren Kollegen.

Flemings Ergebnisse brachten Goldberg noch auf eine andere Idee. Wenn die Entscheidungen unerfahrener Schiedsrichter häufig denen von erfahrenen entsprachen, dann könnte ein erfahrener Schiedsrichter, der das Material durchgesehen und die Argumente gehört hatte, voraussagen, wie ein anderer erfahrener Schiedsrichter denselben Fall wahrscheinlich entscheiden würde. Goldberg war der Meinung, daß dies gerade auf die Kohleindustrie zutreffen würde, in der viele Fälle mit relativ einfachen Streitfragen vor ein Schiedsgericht kommen. Unter diesen Umständen war ein erfahrener Schiedsrichter bereits nach Überfliegen des wichtigsten Beweismaterials und der Argumente imstande, das Ergebnis präzise vorauszusagen. Dies führte zu dem primären Konzept, aus dem schließlich die Schlichtung von Beschwerden hervorging. Um die Zahl der kostspieligen Schiedsverfahren zu senken, sollte dem alten Beschwerdeverfahren eine weitere Stufe hinzugefügt werden. In dieser Stufe – zwischen der dritten Stufe und dem Schiedsgericht – sollte ein erfahrener Schiedsrichter die kurze Beweisführung und die Argumente anhören und die Parteien schließlich über den wahrscheinlichen Ausgang des Falls vor einem Schiedsgericht informieren. Dieses unverbindliche, beratende Urteil sollte mündlich und sofort ergehen.

Die daraus resultierenden Einsparungen wären beachtlich. Das Verfahren ist so einfach, daß der Schiedsrichter pro Tag drei beratende Urteile abgeben sollte. Bei den damals üblichen Honoraren für die angesehensten Schiedsrichter in der Kohleindustrie – ca. 400 Dollar pro Tag plus Spesen – sollten Streitfälle in der Kohleindustrie nun für ca. 200 Dollar entschieden werden, im Gegensatz zu ca. 1000 Dollar pro Fall für ein konventionelles Schiedsverfahren. Diese neue Verfahrensweise wäre also nicht nur schneller und weniger teuer als das konventionelle Schiedsverfahren. Es würde die Parteien auch davon abhalten, mit Fällen vor ein Schiedsgericht zu gehen, die wenig Aussicht auf Erfolg hatten. Wenn ein erfahrener Schiedsrichter vorhersagte, daß das Unternehmen das Schiedsverfahren verlieren würde, dann ermöglichte dies dem Vertreter der Arbeitgeberseite, die Belegschaft davon zu überzeugen, eine Einigung zu erzielen. Ähnliches gilt für die andere Seite. Teilte der Schiedsrichter dem Kläger und der örtlichen Gewerkschaft mit, daß sie das Schiedsverfahren verlieren würden, dann würde die Überzeugungskraft dieses Urteils, sofern es mit der Meinung des Distriktvertreters übereinstimmte, ihre Bereitschaft, ein Schiedsverfahren einzuleiten, wesentlich herabsetzen. Der Kläger hätte seinen Tag vor Gericht, und nur der Unerschrockene würde auf einen zweiten Gerichtstag vor einem zweiten Schiedsrichter beharren. Bestünde der Kläger auf einem Schiedsverfahren, sollte es der Gewerkschaft möglich sein, sich zu weigern, ohne Gefahr zu laufen, ihre Vertretungspflicht zu verletzen. Mit der Unterstützung eines beratenden Urteils des Schiedsrichters könnte die Weigerung der Gewerkschaft, ein Schiedsgericht anzurufen, nun nicht mehr als willkürlicher, diskriminierender oder zweifelhafter Akt gewertet werden.

Goldberg hielt das beratende Urteil für einen vielversprechenden Ansatz, um die Vertreter der dritten Stufe davon abzuhalten, ein Schiedsgericht aus politischen oder rechtlichen Gründen anzurufen. Dennoch war er sich der Tatsache bewußt, daß das beratende Urteil nicht ausreichend jene Fälle mit einschließen würde, in denen es nicht wirklich um die Auslegung des formalen Vertrages, sondern vielmehr um den Ausgleich entgegengesetzter Interessen ging. Daher plante Goldberg, daß die neutrale dritte Partei nicht nur ein beratendes Urteil abgeben, sondern auch noch als Schlichter auftreten sollte. Der Schlichter sollte versuchen, den Parteien bei den neuen Verhandlungen zu helfen, um auf diese Weise den eigentlichen Forderungen zu entsprechen oder Probleme zu bewältigen.

Die Idee von der Schlichtung basierte auf Goldbergs eigenen Erfahrungen. Als Schiedsrichter hatte er hin und wieder versucht, Streitfälle eher durch Schlichtung beizulegen als sie selbst zu entscheiden. Diese Bemühungen waren in den seltensten Fällen erfolgreich, aber Goldberg war von dem neuen Verfahren überzeugt. Einer der Gründe für Goldbergs Mißerfolge lag darin begründet, daß die Teilnehmer an seiner Sitzung ein Schiedsverfahren erwartet hatten und daher nicht gewillt waren, eine Vereinbarung auszuhandeln. Die Teilnehmer an dem neuen Verfahren würden mit ganz anderen Erwartungen an die Sache herangehen. Außerdem zeigten sich Goldbergs Teilnehmer deshalb nicht bereit, ihre eigentlichen Interessen einer dritten Partei zu offenbaren, weil diese als Schiedsrichter zu entscheiden hatte, wenn die Einigungsbemühungen fehlschlugen. Wenn die dritte Partei keine Entscheidungsbefugnis, sondern nur beratende Funktion hätte, dann wären die Teilnehmer vielleicht auch entgegenkommender gewesen.

Goldberg glaubte, daß Schlichtungsbemühungen dem beratenden Urteil vorangestellt werden und daß dieses Urteil nur im Falle erfolgloser Verhandlungen abgegeben werden sollte. Das Schlichtungsverfahren führt nur dann zu Vereinbarungen, wenn auch das beratende Urteil mit einbezogen wird.

Das Konzept entsteht: Schlichtung als Unterstützung bei Interessenverhandlungen

Eine Reihe von Faktoren veranlaßte Goldberg, in diesem Verfahren mehr Gewicht auf die Schlichtung zu legen. Zunächst erörterte er das neue Verfahren im Winter und Frühjahr 1980 mit Kollegen. Außer Brett und Ury hatten noch Einfluß auf das neue Verfahren: James Healy, Professor an der Harvard Business School mit vielen Jahren Erfahrung als Schiedsrichter und Schlichter, und William Hobgood, damals Sekretär für die Beziehung zwischen Arbeitnehmern und Arbeitgebern im Arbeitsministerium der USA und vorher Schlichter beim Federal Mediation and Conciliation Service. Beide, Healy und Hobgood, argumentierten kenntnisreich und überzeugend, daß Schlichtung scheinbar schwer zu handhabende Streitfälle lösen konnte. Sie legten Goldberg nahe, der Schlichtung in seinem Verfahren mehr Bedeutung zukommen zu lassen. Besonders Hobgood sprach sich dafür aus, Personen mit viel Schlichtungserfahrung als neutrale dritte Partei einzusetzen. Ein anderer Kollege, Paul Weiler, Professor an der Harvard Law School und ehemaliger Vorsitzender des British Columbia Labor Board, berichtete vom Erfolg dieser Behörde im Bereich der Schlichtung von Beschwerden (durchschnittlich 71 % der ungefähr 600 jährlich vorgelegten Streitfälle wurden beigelegt). Ähnliches erfuhr Goldberg über einige staatliche Schlichtungsbehörden, die Erfolgsquoten zwischen 75 und 88 % meldeten.

Unsere Erfahrung in Caney Creek war der entscheidende Auslöser, den Schwerpunkt schließlich auf die Schlichtung zu verlagern. In Caney Creek hatten wir bemerkt, daß viele Bergarbeiter den wilden Streik einem Schiedsverfahren vorzogen, weil die Schiedsverfahren ihnen keine Gelegenheit einräumten, sich zur Sache zu äußern, und ihre Interessen nicht ausreichend berücksichtigten. Die Bergarbeiter wären wahrscheinlich genauso unzufrieden mit einer weiteren Stufe im Beschwerdeverfahren, die in erster Linie aus einem beratenden

Schiedsverfahren bestehen sollte und sich mit der Vertragsauslegung befaßte, ihnen aber nicht mehr Gelegenheit bot, sich zur Sache zu äußern, als das Schiedsverfahren. Umgekehrt wären sie sicher zufriedener, wenn sie mit dem neuen Verfahren die Möglichkeit erhielten, ihre Sichtweise zu erläutern und ihre Interessen herauszustellen. In diesem Falle könnte das neue Verfahren sogar den wilden Streik ersetzen. Auch dieser Punkt sprach für eine Verlagerung des Gewichts auf die Schlichtung.

All diese Ideen führten zu einer beträchtlichen Veränderung des primär vorgeschlagenen Verfahrens. Im späten Frühjahr begann Goldberg das Verfahren in erster Linie als Schlichtungsverfahren anzusehen, in der die neutrale, dritte Partei den Streitparteien helfen würde, eine für alle Teile akzeptable Lösung zu finden. Die Interessen der Parteien standen im Zentrum der Verhandlungen. Das beratende Urteil wurde aus zwei Gründen als kostengünstige Lösung beibehalten. Erstens konnte nach Ansicht Goldbergs das Urteilsvermögen eines erfahrenen Schiedsrichters in großem Maße zur Lösung beitragen, wenn es bei den Beschwerden vorwiegend um Vertragsauslegung ging. Da die Kohleindustrie mit der Schlichtung von Beschwerden keinerlei Erfahrung hatte, würde zweitens das neue Verfahren eher akzeptiert werden, so Goldbergs Überzeugung, wenn es ein den Parteien vertrautes Element enthielt – und wenn es auch nur ein beratendes Urteil am Ende des Verfahrens war.

Das verfeinerte Konzept: Schlichtung von Beschwerden, wie es der Kohleindustrie vorgelegt wurde

Folgendes Verfahren wurde der Kohleindustrie im Juni 1980 vorgeschlagen: Nach der dritten Stufe des Beschwerdeverfahrens erhalten die Parteien die Möglichkeit, nicht beigelegte Streitfälle durch ein Schlichtungsverfahren entscheiden zu lassen, anstatt direkt ein Schiedsgericht anzurufen. Das Schlichtungsverfahren ist informell. Die Darlegung der wichtigen Fakten erfolgt in einem Gespräch und nicht in Form von Zeugenbefragung und Kreuzverhör. Rechtsvorschriften, die die Zulassung von Beweismaterial betreffen, kommen nicht zur Anwendung. Die Diskussion beschränkt sich nicht auf die Punkte, die dem formellen Vertrag zuzuordnen sind; es steht den Parteien frei, jegliche Fakten oder Argumente einzubringen, die sie für relevant halten.

Der Schlichter ist ein erfahrener und angesehener Schiedsrichter, der über Befähigungen und möglichst auch Erfahrungen im Bereich der Schlichtung verfügt. Er soll den Parteien helfen, eine zufriedenstellende Lösung zu finden. Auf diese Weise ermutigt er sie, sowohl den schriftlich fixierten Manteltarifvertrag als auch die Interessen der Beteiligten zu berücksichtigen. Scheint eine Einigung nicht möglich, gibt der Schlichter mündlich ein Urteil über den wahrscheinlichen Ausgang des Falls vor einem Schiedsgericht ab und begründet es. Können die Parteien den Streitfall dann immer noch nicht beilegen, steht es ihnen frei, ein Schiedsgericht anzurufen. Auf diese Weise wird der Schlichter nicht als Schiedsrichter tätig, und nichts, was im Laufe des Schlichtungsverfahrens von den Parteien oder dem Schlichter gesagt oder getan wurde, kann vor einem Schiedsgericht gegen sie verwendet werden.

Wir hatten an das Verfahren hohe Erwartungen gestellt. Die Schlichter sollten die Parteien anregen, auf Interessenbasis zu verhandeln. Anschließend sollten diese Verhandlungen dann zu Vereinbarungen führen, die beide Seiten zufriedenstellten. Wir erwarteten, daß die Zahl der neuaufflammenden Konflikte abnehmen und die Transaktionskosten gesenkt würden. Wir hatten auch die Hoffnung, daß die Erfahrung mit dieser Form der Schlichtung den Parteien zeigen würde, wie sie die auf Interessen basierende Verhandlung im Alltag benutzen konnten. So könnten sie in Zukunft mehr Konflikte durch direkte Verhandlungen als durch Streiks, Schieds- oder Schlichtungsverfahren lösen. Es war sogar möglich, daß ein gemeinsam durchgeführter Ansatz zur Konfliktlösung die

Beziehung der Parteien insgesamt verbessern und somit zu weniger Feindseligkeit und mehr Zusammenarbeit führen würde.

Trotz all ihrer Vorteile in der Theorie barg das Schlichtungsverfahren dennoch einige Risiken. Das Hauptrisiko bestand darin, daß es Beschwerden nicht unbedingt beseitigte. Kamen die meisten durch Schlichtung entschiedenen Beschwerden doch vor ein Schiedsgericht, würde die Schlichtung nur zur Erhöhung der Kosten im Rahmen des Beschwerdeverfahrens beitragen. Wir hätten dieses Risiko nur vermeiden können, wenn bei Fehlschlagen des Schlichtungsverfahrens der Schlichter auch als Schiedsrichter tätig wird und eine endgültige und bindende Entscheidung fällt (das als »vermittelndes Schiedsverfahren« [»med-arb«] bekannte Verfahren). Aber dieser Ansatz barg ein Risiko eigener Art. Sollte der Schlichter Konflikte beilegen, könnte jede Partei das Verfahren in erster Linie als »Rechtsinstanz« ansehen und sich daher darauf konzentrieren, den Schlichter von ihrem Recht zu überzeugen. So würde keine Vereinbarung mehr angestrebt, die die Interessen beider Parteien befriedigte. Das wiederum würde sowohl den kurzfristigen Vorteil der Schlichtung, nämlich für alle Parteien akzeptable Lösungen zu finden, als auch ihren langfristigen Vorteil, die Beteiligten in die Methoden der problemlösenden Verhandlung einzuführen, zunichte machen. Unser beratendes Urteil barg ein ähnliches Risiko; wir beschlossen, dieses Risiko nicht noch weiter zu erhöhen, indem wir dem Schlichter erlaubten, ein endgültiges und bindendes Urteil zu fällen.

Eine weitere Gefahr lag darin, daß die Verfügbarkeit billiger Schlichtungsverfahren die Parteien entmutigen würde, frühzeitig Vereinbarungen auszuhandeln. Nehmen wir einmal an, daß im Verlauf der Verhandlungen in der 3. Stufe einem Kläger 200 Dollar angeboten wurden, um seinen Anspruch von 500 Dollar zu befriedigen. Ohne Schlichtungsverfahren würde er dieses Angebot sicherlich akzeptieren, weil die einzige Alternative – das Schiedsverfahren – die Gewerkschaft ungefähr 500 Dollar kosten und seine Klage unter Umständen abweisen würde. Steht aber ein Schlichtungsverfahren zur Verfügung, das die Gewerkschaft nur 150 Dollar kostet, könnte der Kläger die Zahlung von 200 Dollar ablehnen, weil nach seinen Berechnungen die zusätzlichen Kosten nicht sehr hoch liegen, er bei einem Schlichtungsverfahren nicht schlechter abschneiden und vielleicht sogar noch einen höheren Geldbetrag erzielen könnte. Geht man wie oben geschildert vor, so erzielten die Parteien im Laufe des Schlichtungsverfahrens einen zufriedenstellenden Interessenausgleich. So könnten die Parteien, rein theoretisch betrachtet, von »erfolgreichen« Schiedsgerichtsverfahren in der 3. Stufe zu erfolgreichen Schlichtungsverfahren übergehen. Dies würde zwar einen Teil der Verhandlungskosten senken, indem bessere Ergebnisse erzielt werden, die Konflikte weniger häufig wieder neu aufflammen und die Belastungen für die Beziehung geringer sind. Die erhöhten Transaktionskosten durch die Hinzuziehung eines Schlichters könnten jedoch Arbeitgeber und Gewerkschaften entmutigen, das neue Verfahren auch weiterhin einzusetzen.

Trotz der offensichtlichen Vorteile der Schlichtung entdeckten wir bald viele Hindernisse, die ihrer Nutzung im Wege standen. Besonders herausragend war die Schwerfälligkeit der Bergarbeiter. Schiedsverfahren (begleitet von wilden Streiks) wurden in der Kohleindustrie seit etwa siebzig Jahren als anerkannte Form der Konfliktlösung betrachtet; gleichgültig welche Mängel diese Vorgehensweise auch immer aufwies, zählte ausschließlich ihr Bekanntheitsgrad. Das Schlichtungsverfahren hingegen war weitgehend unbekannt, und die Aussichten waren für einige Gewerkschafts- und Unternehmensvertreter erschreckend. Eng damit verknüpft war die Tatsache, daß viele Gewerkschafts- und Unternehmensvertreter sehr geschickt im Umgang mit Schiedsverfahren waren und daher nur zögernd ein Verfahren erprobten, das andere Fertigkeiten erforderte.

Ein weiteres Hindernis stand der Annahme des

Schlichtungsverfahrens im Wege und war von uns damals nicht vollständig erkannt worden. Das Schiedsverfahren ließ sich leichter in den bürokratischen Aufbau sowohl der Gewerkschaft als auch der Unternehmensleitung integrieren als das Schlichtungsverfahren. Die Regeln und die Verfahrensweise des Schiedsverfahrens hatten sich gut etabliert. Das Ergebnis ist vorhersehbar: Entweder wird die Klage zurückgewiesen oder ihr wird stattgegeben bzw. zum Teil stattgegeben. Es läßt sich eine genaue Statistik der Ergebnisse (die Zahl der von den Parteien gewonnenen und verlorenen Fälle) und der Arbeit der Schiedsrichter (die Zahl der Fälle, die jeder Schiedsrichter für die Gewerkschaft bzw. für das Unternehmen entschieden hat) aufstellen, die der Vorliebe der Bürokraten für Statistiken entgegenkommt. Bei den Schlichtungsverfahren dagegen handelt es sich um ein fließendes Verfahren mit wenigen Regeln. Das Ergebnis ist nicht vorhersagbar, weil die Streitfrage im Laufe des Schlichtungsverfahrens an Umfang zu- oder abnehmen kann und weil der Spielraum einer möglichen Vereinbarung groß ist. Hier gestaltet sich die Aufstellung einer Statistik schwierig, da viele Streitfragen durch Kompromisse beigelegt werden.

Auch die Kontrolle über die Beweisführung und die Argumente selbst stellten ein Problem dar. Bei Schiedsverfahren haben Gewerkschafts- und Unternehmensvertreter die Zügel fest in der Hand; bei Schlichtungsverfahren, in denen es keine Verfahrensvorschriften gibt, ist ihre Kontrolle geringer. Bergarbeiter mögen zwar die Aussicht auf mehr Kontrolle über ihre Beschwerden begrüßen, Unternehmens- und Gewerkschaftsvertreter werden aber den Verlust auch nur eines kleinen Stücks ihrer Macht zu verhindern suchen.

Andere Hindernisse traten ebenfalls auf. Das Schlichtungsverfahren war mit seinem Schwerpunkt auf Kompromißbereitschaft jenen Unternehmens- und Gewerkschaftsvertretern zuwider, die einen hochentwickelten Sinn für Recht und Unrecht hatten. Aus einem ähnlichen Grund wurden Schiedsverfahren von jenen vorgezogen, die ein Forum wünschten, um ihre Stärke gegenüber der Opposition zu testen. Einige Unternehmens- und Gewerkschaftsvertreter sträubten sich auch gegen ein Schlichtungsverfahren aus Angst, die herbeigeführte Vereinbarung werde als Versagen gewertet. Wenn ein Streitfall beigelegt werden konnte, dann sollte dies ohne Hinzuziehung eines Schlichters geschehen. Einige Arbeitgeber stellten sich gegen Schlichtungsverfahren, weil sie in der Kürze des Verfahrens und den geringen Kosten einen Anreiz zu häufigen Beschwerden seitens der Gewerkschaft sahen.

Und schließlich mangelte es den Parteien an Vertrauen. Einige Arbeitgebervertreter fürchteten, die Gewerkschaft akzeptierte das neue Verfahren nur, um günstigere Vereinbarungen zu erzielen. Einige Gewerkschaftsvertreter hingegen hatten Sorge, daß die Arbeitgeber dem Verfahren nur zustimmten, um dem Beschwerdeverfahren eine Stufe hinzuzufügen, damit die Kosten für die Gewerkschaft zu erhöhen und eine endgültige Lösung zu verschleppen. Jede Partei unterstellte der anderen, die während des Schlichtungsverfahrens erworbene Information zu nutzen, um diese dann vor einem Schiedsgericht gegen sie zu verwenden.

Goldberg versuchte diese Bedenken zu zerstreuen. Er versicherte sowohl den Gewerkschafts- als auch den Unternehmensvertretern, daß im Schiedsverfahren in der dritten Stufe ähnliche Mittel wie bei der Schlichtung angewendet würden. Manchen Vertretern mißfiel die Vorstellung eines Kompromisses. Diesen versicherte er, daß der Schlichter darüber entschied, wer im Recht und wer im Unrecht war, wenn es zu keiner Einigung kam. Gegenüber den Arbeitgebern, die fürchteten, daß die Gewerkschaft leichten Zugang zum Schlichtungsverfahren hätte, hob er hervor, daß der Schlichter das Unternehmen an keine Vereinbarung binden konnte, die es nicht selbst zu akzeptieren bereit war. Goldberg erklärte allen Parteien die Risiken des Schlichtungsverfahrens. Diese waren aber im Vergleich zu den Risiken des bestehenden

Systems minimal. In zahllosen Unterredungen sowohl mit der Unternehmensleitung als auch mit Gewerkschaftsvertretern unterstrich er immer wieder: »Das bestehende System zur Konfliktbewältigung in der Kohleindustrie ist unbefriedigend. Sie geben gewaltige Geldsummen für Schiedsverfahren aus, und der enorme Rückstand bei der Bearbeitung der Fälle bedeutet, daß Monate bis zu einer schiedsrichterlichen Entscheidung vergehen. Weder die Bergarbeiter noch die Unternehmen profitieren von dieser Situation, weil unzufriedene Bergarbeiter häufig in wilde Streiks treten, die sie dann um ihre Löhne und die Unternehmen um ihren Gewinn bringen. Die Schlichtung von Beschwerden ist vielleicht nicht unbedingt die Antwort auf das Problem, aber die Risiken, mit der Schlichtung einige Monate zu experimentieren, sind minimal, während bei Funktionieren große Vorteile winken. Sie werden nicht nur Zeit und Geld sparen, Sie entwickeln vielleicht auch bessere Techniken zum Aushandeln von Vereinbarungen und zum Aufbau einer harmonischeren Beziehung. Und deshalb sollten Sie es einmal versuchen.«

Die Parteien waren von den Argumenten hin- und hergerissen. Die Gewerkschaft war primär an der möglichen Zeit- und Geldeinsparung interessiert, während die Arbeitgeberseite die Aussicht auf eine bessere Beziehung lockte. Schließlich willigten beide Parteien, wenn auch aus unterschiedlichen Beweggründen, ein, an dem Experiment teilzunehmen.

Wir waren überrascht, wieviel Zeit und Mühe es gekostet hatte, die Teilnehmer für das Experiment zu gewinnen. Wir haben sicher zweimal soviel Zeit damit verbracht, die Akzeptanz des Schlichtungsverfahrens zu erreichen wie das Verfahren zu entwickeln. Rolf Valtin, während der Laufzeit des Tarifvertrages Oberschiedsrichter zwischen der Gewerkschaft und der Arbeitgeberseite, beriet uns umfassend und war einer der ersten Schlichter des Experiments. Er schrieb später folgendes:

Die Streitschlichtung in der Kohleindustrie war eine innovative Idee. Tarifparteien sind nicht gerade offen für innovative Ideen. Man muß erst ins Wasser springen, um zu schwimmen. Die Idee von der Schlichtung war da keine Ausnahme.

Ja, Steve (Goldberg) hat sich hingesetzt und einen Vorschlag gemacht. Steve wurde zwar von jenen von uns ermutigt, die seinen Vorschlag teilten, d. h. von einem interessierten Department of Labor und sogar von einigen hohen nationalen Vertretern der Industrie und der Gewerkschaft. Aber keine dieser Bemühungen reichte auch nur annähernd, um seine Idee auch in die Tat umzusetzen. Schließlich sollten diejenigen den Vorschlag akzeptieren, für die er gedacht war – d. h. die Leute vor Ort, die Arbeitgeber und Arbeitnehmer im Bergwerk, das Bergarbeiterkomitee und die Leiter. Das sind eher harte Männer mit praktischen Anliegen, die nicht dazu neigen, Ideen einfach anzunehmen, nur weil sie edel sind.

Zahllose Treffen mußten abgehalten werden, um erstens die Skepsis und den offenen Widerstand gegen Veränderungen zu überwinden und um zu zeigen, daß das Schlichtungsverfahren es wert war, erprobt zu werden. Zweitens wollte man Veränderungen oder Anpassungen an vorgeschlagenen Grundregeln vornehmen, um mit der negativen Einstellung fertigzuwerden, die auf der Furcht beruht, die andere Seite könnte mehr davon profitieren als man selbst usw. All dies geschah, um das Verfahren an den Mann zu bringen. Ohne das gäbe es in der Kohleindustrie kein Schlichtungsverfahren für Beschwerden. Und es ist unwahrscheinlich, daß ohne das alles die Idee in anderen Tarifbereichen Fuß fassen wird. Die Stärke der Idee allein reicht einfach nicht aus.

Die Veränderungen richtig einführen

Die Regeln vermitteln und die Teilnehmer schulen

Sobald die Distrikte 28 und 30 und die Arbeitgeber in diesen Distrikten zugestimmt hatten, an dem Schlichtungsexperiment teilzunehmen, traf sich Goldberg mit ihnen, um Regeln auszuarbeiten. Wir hatten zu dem Zeitpunkt Musterregeln für das Schlichtungsverfahren (s. Anhang) entwickelt, die er den Parteien vorlegte. Die einzige Regel, die zu bedeutender Diskussion und gelegentlicher Meinungsverschiedenheit Anlaß gab, befaßte sich mit der Frage, welche Streitfälle zur Schlichtung vorgelegt werden sollten. Die Musterregeln sahen die Zustimmung beider Parteien für eine Schlichtung vor, aber wir machten deutlich, daß die Parteien, sofern sie es wünschten, festlegen konnten, daß eine Partei einen Streitfall auch ohne die Zustimmung der anderen in ein Schlichtungsverfahren einbringen konnte. Für die Zustimmung aller Parteien spricht, daß die Wahrscheinlichkeit einer Vereinbarung in diesem Fall größer ist, als wenn eine Partei die Schlichtung nicht wünscht. Ist die Zustimmung aller Parteien für ein Schlichtungsverfahren nötig, wird eine Schlichtung selten – wenn überhaupt – stattfinden. Führen erfolglose Verhandlungen vor einem Schlichtungsverfahren bereits zu Feindseligkeiten, wird eine Zustimmung aller Beteiligten nahezu unmöglich. In Distrikt 28 und in Distrikt 30 wurde zunächst festgelegt, daß für die Durchführung eines Schlichtungsverfahrens die Zustimmung aller Beteiligten vorliegen müsse.

Nach sechs Monaten kamen die Parteien des Distrikts 28 darin überein, daß sich ein Schlichtungsverfahren mit allen Streitfällen befassen kann außer mit Entlassungen, die auch weiterhin der beiderseitigen Zustimmung bedürfen.

Goldberg trat gelegentlich vermittelnd bei Meinungsverschiedenheiten auf, in denen erörtert wurde, wie viele Gewerkschaftsvertreter einer Schlichtungskonferenz beiwohnen dürfen und wer ihnen Lohneinbußen aufgrund der Anwesenheit bei einer solchen Konferenz ersetzen würde. Im großen und ganzen wurden die vorgeschlagenen Regeln jedoch ohne bedeutende Veränderungen akzeptiert.

Als nächstes mußte Goldberg sich mit dem Betriebs- und Gewerkschaftspersonal treffen, das die Streitfälle für die Schlichtung auswählt und den Schlichtern präsentiert. Bei jedem Treffen erklärte Goldberg den Beteiligten der

Schlichtung aufs neue die Regeln und die Verfahren. Er wollte sichergehen, daß die Teilnehmer die Vorschriften auch genau verstanden, damit später im Verlauf des Schlichtungsverfahrens weniger Streitigkeiten aufkamen. Er betonte auch, daß bei einem Schlichtungsverfahren nicht die Rechtspositionen, sondern die Interessen im Vordergrund standen, daß es also nicht darum ging zu entscheiden, welche Partei laut Manteltarifvertrag im »Recht« und welche im »Unrecht« war. Das Ziel war eine ausgehandelte Vereinbarung, die die wichtigsten Interessen jeder Partei befriedigen sollte. Erst wenn sich dies als unmöglich erweisen sollte, würde man die sich aus dem Vertrag ergebenden Rechte heranziehen.

Goldberg versuchte die Teilnehmer auf ihre Verpflichtung zur Schlichtung vorzubereiten. »Wenn Sie zur Schlichtung kommen, müssen Sie nicht glauben, daß Sie irgendwelche Rechte, die Ihnen wichtig sind, einbüßen werden«, erklärte er. »Sie müssen jedoch ein offenes Ohr für das haben, was die andere Partei und der Schlichter sagen. Außerdem sollten Sie, wenn die andere Partei eine Vereinbarung akzeptiert, die Ihren Interessen entgegenkommt, bereit sein, diese Vereinbarung anzunehmen.« Er erklärte ihnen, daß es nicht immer einfach sein würde: »Manchmal werden Sie erkennen, daß Ihr Fall ziemlich aussichtslos ist und die andere Seite Ihnen nicht sehr entgegenkommen kann. In solchen Fällen sollten Sie, statt ein Schiedsgericht anzurufen, lieber in den sauren Apfel beißen und die Vereinbarung akzeptieren, auch wenn das einigen Leuten nicht gefallen wird.«

Er erklärte ihnen, daß er Verständnis für ihr Mißtrauen habe, aber sie das nicht davon abhalten sollte, mit der Schlichtung zu experimentieren. »Gehen Sie nicht von vornherein davon aus, daß die andere Seite ja gar nicht wirklich schlichten will. Testen Sie sie ruhig einmal in ein oder zwei Fällen. Im schlimmsten Falle verpulvern Sie ein paar hundert Dollar, weil Sie versucht haben, eine Einigung zu erzielen, und das ist immer noch weniger als das, was Sie ein einziges Schiedsverfahren kosten würde.«

Goldberg führte keine Schulung durch, weil kein Material für Simulationsversuche zur Verfügung stand; seitdem entwickeln wir Material und führen sowohl Demonstrationen von Schlichtungsverfahren als auch gemeinsame Schulungen durch, damit die Parteien das Verfahren kennenlernen.

Goldberg motivierte die Teilnehmer und verwies auf ihre Möglichkeit, sich zu äußern. »Bei der Schlichtung müssen Sie sich keine Sorgen um die Rechtsvorschriften bei der Beweisführung machen. Jeder wird angehört, und Sie können in Ihren eigenen Worten sagen, was Ihnen auf dem Herzen liegt.« Er erklärte ihnen, daß die Ergebnisse des Schlichtungsverfahrens für alle Teile zufriedenstellend sein würden: »Bevor nicht beide Seiten zufrieden sind, gibt es keine Vereinbarung. Daher wird jede Vereinbarung für Sie beide zufriedenstellend sein.« Er wies auch darauf hin, daß das Schlichtungsverfahren sich weniger belastend auf die Beziehung auswirken wird als das Schiedsverfahren: »Ihr gemeinsamer Versuch, eine Vereinbarung auszuarbeiten, führt weniger zu Feindseligkeiten als der Versuch, den Schiedsrichter davon zu überzeugen, daß Sie Recht haben und der andere Unrecht.« Schließlich machte er auf die niedrigen Transaktionskosten einer erfolgreichen Schlichtung aufmerksam: »Wenn Sie an eine Schlichtung mit dem ehrlichen Wunsch herangehen, eine zufriedenstellende Vereinbarung zu erzielen, dann sind die Aussichten, daß Sie drei Viertel Ihrer Fälle erfolgreich beilegen werden, ausgezeichnet. Denken Sie nur an all das Geld, das Sie auf diese Weise an Schiedsgerichtskosten sparen und jetzt für andere Zwecke verwenden können.«

Auswahl und Schulung der Schlichter

Wir sind davon ausgegangen, daß der Erfolg des Schlichtungsverfahrens im großen und ganzen von der Befähigung der Schlichter abhängt. Konnten sie den Parteien nicht helfen, eine Vereinbarung auszuhandeln, scheiterte das Verfahren. Daher verwandten wir beträchtliche Mühe auf die Auswahl neutraler Dritter, die wir den Parteien empfehlen konnten. Zu Anfang überlegten wir, ob, wegen der Zwischenstellung des Schlichtungsverfahrens für Beschwerden, die dritten Parteien in erster Linie Erfahrung mit Schlichtungsverfahren oder mit Schiedsverfahren haben sollten (damals hatten nur sehr wenige Personen große Erfahrung in beiden Bereichen). Es gab starke Argumente für jede dieser Alternativen. Erfahrene Schiedsrichter aus dem Bereich der Kohleindustrie, die noch dazu den Parteien bekannt sind, würden zur Teilnahme in unserem Schlichtungsverfahren motivieren. Auch das Vertrauen der Konfliktgegner in die dritte Partei würde gestärkt. Das beratende Urteil wäre überzeugender, und selbst bei Weiterleitung des Streitfalls an ein Schiedsgericht sollte sich das beratende Urteil eher als richtig erweisen. Andererseits würde eine dritte Partei mit Schlichtungserfahrung zu einer effektiven Vereinbarung auf Interessenbasis führen und gleichzeitig helfen, die Teilnehmer in der Verhandlungsführung zu schulen. In der ersten Runde der Schlichterwahl lösten wir das bestehende Dilemma durch einen Kompromiß: Unser wichtigstes Auswahlkriterium sollte die Erfahrung mit Schiedsverfahren sein, aber wir wollten den Vorzug jenen Schiedsrichtern geben, die auch Erfahrung mit Schlichtungsverfahren hatten.

Als nächstes mußten wir entscheiden, ob wir unsere Auswahl auf solche Schlichter beschränken sollten, die im allgemeinen als führende Schiedsrichter in der Kohleindustrie angesehen wurden. Für die Wahl bekannter Schiedsrichter sprach derselbe Grund, der für die Wahl von Schiedsrichtern anstatt von Schlichtern gesprochen hatte – zur Teilnahme zu ermutigen und das Vertrauen in das beratende Urteil zu stärken. Für uns lag die Gefahr nun darin, mögliche Schwächen des Verfahrens zu verkennen. War das Verfahren nur erfolgreich, wenn die dritte Partei als Vertragsexperte anerkannt wurde, dann wäre die Möglichkeit, das Verfahren zu verbreiten, gewaltig eingeschränkt. Wir würden nie zu einem Ergebnis gelangen, wenn wir nur anerkannte Experten auswählten. Es würde schwierig genug sein, Streitigkeiten zwischen feindlichen Parteien zu lösen, die keinerlei Schlichtungserfahrung haben, weshalb wir alles in unserer Macht Stehende tun wollten, damit das Experiment bereits im Frühstadium funktioniert. Wenn es dieses Anfangsstadium überstand, stünde immer noch genügend Zeit zur Verfügung, mit den weniger bekannten dritten Parteien zu experimentieren. Wenn andererseits das Schlichtungsverfahren für Beschwerden erfolgreich war, würde die sehr begrenzte Zahl anerkannter Experten uns zwangsläufig zu einem Strategiewechsel zwingen.

Wir wollten erreichen, daß alle Schlichter eine beträchtliche Anzahl von Fällen bearbeiten, und so schlugen wir nur vier Schlichter für das anfänglich auf zwei Distrikte beschränkte Experiment vor.

Wir trafen uns mit den Schlichtern, bevor das Experiment begann, und besprachen kurz die Regeln der Schlichtung. Für uns war das Wichtigste, daß der Schlichter die Parteien ermuntert, eine auf Interessenausgleich gerichtete Verhandlung zu führen, und ihnen nicht gestattet, das Verfahren als ein auf Recht basierendes beratendes Schiedsverfahren anzusehen.

Das Schlichtungsverfahren für Beschwerden beginnt

Das erste Schlichtungsverfahren für Beschwerden in der Geschichte der Kohleindustrie fand am 3. November 1980 in Castlewood, Virginia, statt. Streitparteien waren Distrikt 28 und die Clinchfield Coal Company. Die örtliche Gewerkschaft protestierte dagegen, daß mit den Reparaturarbeiten an den Maschinen des Bergwerks per Vertrag nicht das Bergwerk, sondern ein anderer Arbeitgeber betraut worden war, der somit Arbeitnehmer von Clinchfield um ihr Geld brachte. Die Diskussion stellte sowohl die vertraglichen Rechte der Parteien als auch Alternativen in den Vordergrund, die sowohl dem Unternehmen als auch der Gewerkschaft am Herzen lagen. Mehrere Vorschläge zur Streitbeilegung wurden unterbreitet, und die Parteien arbeiteten hart, um zu einer Vereinbarung zu kommen. Es wurde jedoch keine Einigung erzielt, und so gab der Schlichter, David Beckman, sein beratendes Urteil ab: Ein Schiedsgericht würde die Klage abweisen. Die Gewerkschaft akzeptierte das beratende Urteil nicht und rief statt dessen ein Schiedsgericht an, das der Klage einige Monate später stattgab.

Das erste Schlichtungsverfahren war offensichtlich gescheitert. Die Parteien hatten nicht nur keine Einigung erzielen können, auch das beratende Urteil des Schlichters entsprach nicht der tatsächlichen Entscheidung des Schiedsrichters. Mit einigem Unbehagen rief Goldberg die Vertreter der Parteien an, um ihre Meinung zu hören. Beide waren der Ansicht, daß das Verfahren gut funktioniert hatte, und wollten es ruhig noch einmal versuchen. Außerdem gab der Gewerkschaftsvertreter zu, daß ihn die Entscheidung des Schiedsrichters überrascht hatte. Seiner Meinung nach hätten die meisten Schiedsrichter die Klage so entschieden, wie der Schlichter vorausgesagt hatte. Und so war der Anfang des Experiments gar nicht so übel verlaufen, wie wir zuerst befürchtet hatten.

Einführung und Ausrichtung des Schlichtungsverfahrens

In den Anfängen des Schlichtungsverfahrens für Beschwerden überwachte Goldberg das Verfahren aus der Nähe, damit er gegebenenfalls Veränderungen schnell vornehmen konnte. Er schlichtete regelmäßig in allen Distrikten, in denen unser Experiment lief, und kommentierte manchmal dabei die Verhandlungstechniken der Teilnehmer. Er sprach mit den Teilnehmern über ihre Reaktionen, Kritiken und Vorschläge, führte ähnliche Diskussionen am Telefon mit jenen Gewerkschafts- und Unternehmensvertretern, die nicht an Schlichtungsverfahren teilgenommen hatten, und versuchte, sie zur Anwendung des Verfahrens zu ermutigen.

Goldberg hielt auch in den ersten zwei Jahren alle sechs Monate Treffen ab, um den Gedankenaustausch zu fördern. Bei diesen Treffen legten er und Brett den Teilnehmern Statistiken der vergangenen sechs Monate vor. Diese Daten zeigten im allgemeinen eine hohe Zahl von beigelegten Streitfällen und beachtliche Kostenersparnisse. Die Ergebnisse halfen, die Parteien zu überzeugen, das Schlichtungsverfahren auch weiterhin einzusetzen. Die Teilnehmer benutzten diese Treffen auch, um schwerpunktmäßig Probleme der vergangenen sechs Monate zu erörtern. So waren zum Beispiel die Parteien in Distrikt 28 über die geringe Anwendung des Schlichtungsverfahrens beunruhigt. Nach einer umfassenden Diskussion auf einem dieser Treffen nahmen sie eine Regel an, die vorsah, keine Streitigkeiten (außer jenen, bei denen es um Entlassungen ging) einem Schiedsgericht vorzulegen, es sei denn, die Parteien hatten zuerst versucht, den Streitfall durch ein Schlichtungsverfahren beizulegen. Auch die Leistung der Schlichter kam manchmal auf diesen Treffen zur Sprache. Wurde die Arbeit eines Schlichters als unbefriedigend angesehen, unterbreitete Goldberg ihm entweder Verbesserungsvorschläge oder ersetzte ihn.

Wir standen auch den Schlichtern für Gespräche zur Verfügung. Diese Treffen dienten als Diskussionsforum für Probleme, boten Gelegenheit, Schlichtungsmethoden zu entwickeln, und verstärkten bei den Schlichtern das Gefühl, daß sie in einer Mission unterwegs sind. Goldberg hielt mit ihnen auch auf andere Weise Kontakt. Er rief jeden neuen Schlichter nach seinem ersten Arbeitstag an, um mit ihm über seine Erfahrungen zu sprechen, seine Fragen zu beantworten und, wenn es nicht zu einer Vereinbarung gekommen war, um moralische Unterstützung zu geben. Goldberg schrieb oder telefonierte mit jedem Schlichter, der von einer bestimmten originellen Vereinbarung berichtete, um sowohl die Vereinbarung zu diskutieren als auch den Schlichter zu loben.

Die Ergebnisse bewerten

Ergebnisse des Experiments

Das Experiment war in jeder Hinsicht ein Erfolg. 23 der 25 Schlichtungskonferenzen, die in den ersten sechs Monaten abgehalten worden waren, führten zu Vereinbarungen; in den ersten zwölf Monaten waren es 136 der 153 Fälle (89 %); in 15 % der Fälle zog die Gewerkschaft ihre Klage zurück; und in 7 % gab das Unternehmen der Klage statt.

Am Ende der ersten zwölf Monate überprüften wir die Zufriedenheit der Teilnehmer. Wir befragten fünf Gruppen von Personen mit Erfahrung sowohl bei Schlichtungs- als auch bei Schiedsverfahren – Vertreter der Arbeitgeberseite, Vertreter des Gewerkschaftsdistrikts, die Belegschaft, örtliche Gewerkschaftsfunktionäre und Kläger. Eine große Mehrheit zog das Schlichtungsverfahren dem Schiedsverfahren vor.

Gründe für den Erfolg des Schlichtungsverfahrens für Beschwerden

Um das Schlichtungsverfahren für Beschwerden verbessern und verbreiten zu können, genügte es nicht zu wissen, daß das Experiment erfolgreich war. Wir mußten auch wissen, warum es funktionierte. Sicherlich vertrauten viele Vertreter auf das Urteil des Schlichters, wenn er von der Anrufung eines Schiedsgerichts abriet. Viele Schlichter hatten folgende Erfahrungen gemacht: Ein Gewerkschaftsvertreter bat den Schlichter im Laufe eines privaten Gesprächs um ein beratendes Urteil. Bescheinigte der Schlichter der Gewerkschaft nur sehr wenig Aussicht auf Erfolg, dann sollte sich der Gewerkschaftsvertreter daraufhin an den Kläger wenden und sagen: »Das ist genau das, was ich versucht habe zu erklären.« An diesem Punkt könnte die Klage entweder fallengelassen oder zumindest schnell beigelegt werden.

Zum Erfolg des Verfahrens trug weiterhin bei, daß die Parteien gewillt waren, die Streitfälle fast ausschließlich auf der Grundlage ihrer Interessen zu erörtern, und sich kaum oder gar nicht auf den Manteltarifvertrag beriefen. In einigen Fällen, so berichteten uns Schlichter, stand fast ausschließlich die Frage im Mittelpunkt, ob der Betrieb den Kläger fair behandelt hatte. Die Teilnehmer legten auf diesen Punkt besonderen Wert. In unserem ersten Gutachten gaben die Teilnehmer als häufigsten Grund für den Erfolg des Schlichtungsverfahrens an, daß dort die Interessen im Vordergrund standen. Ein Unternehmensvertreter sagte zum Beispiel: »Mir gefällt das Informelle. Es schafft eine Atmosphäre, in der wir versuchen, unsere Probleme durch Gespräche zu lösen, und uns nicht wie Feinde in einem Gerichtsverfahren verhalten. Das ist ein viel besserer Weg, diese Probleme anzugehen.« In dem Gutachten von 1986 gaben die Parteien ähnliche Kommentare ab. Sie stimmten darin überein, daß das Schlichtungsverfahren im Umgang mit Beschwerden dem Schiedsverfahren überlegen war. Ein Gewerkschaftsvertreter erklärte: »Das ist einer der besten Aspekte. Sie beseitigen die Verstimmung und die Beschwerde.« Ein anderer Gewerkschaftsvertreter stellte fest: »Ich habe das Gefühl, daß hinter 70 Prozent aller Beschwerden ein ganz anderes Problem liegt. Ein Schiedsverfahren kann sich mit so einer Situation nicht befassen, das Schlichtungsverfahren sehr wohl.« Ein für die Personalpolitik zuständiger Direktor fügte hinzu: »Die Schlichtung bringt auf jeden Fall die Persönlichkeitskonflikte an den Tag und befaßt sich mit ihnen, ein Schiedsverfahren tut das nicht.«

Der dritte Faktor war die Zufriedenheit mit den Ergebnissen. Die meisten Teilnehmer waren der Meinung, daß die Schlichtung eher zu zufriedenstellenden Ergebnissen führt als das Schiedsverfahren, weil »beide Seiten versuchen, der Sache auf den Grund zu gehen« (ein Berater der Arbeitgeberseite), und weil die Parteien für das Ergebnis verantwortlich zeichnen und nicht die dritte Partei. »Wir haben mehr Einfluß auf das Ergebnis und in welche Worte es gefaßt wird. Es gibt keine komplizierte Juristensprache wie in den Entscheidungen der Schiedsgerichte« (ein Gewerkschaftsvertreter). Ein für die Personalpolitik zuständiger Direktor betonte noch: »Die Zufriedenheit mit dem Ergebnis einer Vereinbarung erhöht das Vertrauen beider Parteien in das Schlichtungsverfahren.«

Die Parteien können sich durch das Schlichtungsverfahren auch mehr zur Sache äußern und verlieren nicht ihren Einfluß auf das Geschehen. Die Schlichter berichteten, daß die Kläger und örtlichen Gewerkschaftsfunktionäre, befreit von den Verfahrenszwängen und Beweisführungsregeln des Schiedsverfahrens, eine größere Rolle spielten und mehr Einfluß auf die Bearbeitung ihrer Beschwerden ausübten, als dies bei Schiedsverfahren üblich war. Teilnehmer berichteten ferner, daß die Parteien sich eher mit Schlichtungsvereinbarungen einverstanden erklärten als mit den Entscheidungen der Schiedsgerichte. Einerseits waren sie ja an der Entwicklung des Verfahrens beteiligt, andererseits hatten sie einer Schlichtungsvereinbarung zugestimmt und hielten sich auch daran. »Wir werden uns so wenig wie möglich an Schiedssprüche halten und fühlen uns mehr an die Schlichtung gebunden, weil sich jede der Parteien an das Schlichtungsergebnis hält« (ein für die Personalpolitik zuständiger Direktor eines Bergwerks).

Obgleich das Verfahren insgesamt erfolgreich war, äußerten doch Teilnehmer Kritik. Einige Unternehmensvertreter beklagten, daß die Schlichter sie manchmal zu einer Vereinbarung drängten, die sie gar nicht eingehen wollten. Ein Unternehmensvertreter erklärte: »Die höheren Führungskräfte verlangen mehr von der Gewerkschaft, während die Schlichter mehr von dem Unternehmen fordern.« Arbeitgebervertreter bemerkten: »Schlichter sollten nicht versuchen, Vereinbarungen zu forcieren, wenn die eine oder die andere Seite nicht will. So scheint es, als ob die Schlichter eine Vereinbarung um jeden Preis wollen, ganz gleich wie der Vertrag aussieht.« Diese Kritik, die auch bei der Schlichtung von Vertragsverhandlungen laut wurde, ist wahrscheinlich unvermeidlich. Das einzige greifbare Maß für die Bewertung der Leistung eines Schiedsrichters sind die erfolgreich geschlichteten Fälle, und so legt der Schlichter bei seinem Versuch, eine Einigung zu erzielen, eine ichbezogene Haltung an den Tag. Aus dem Blickwinkel einer Partei kann jedoch eine unbefriedigende Vereinbarung schlimmer sein als gar keine. Der Druck, den der Schlichter so ausübt, scheint überproportional hoch zu Lasten der Unternehmen zu gehen, weil viele Vereinbarungen verlangen, daß das Unternehmen der Gewerkschaft entgegenkommt. Das Problem nimmt aber gewöhnlich ab, wenn die Parteien mit dem Schlichtungsverfahren vertrauter sind und die Fähigkeit entwickeln, dem Druck des Schlichters standzuhalten.

Verbreitung außerhalb der Kohleindustrie

Wir glaubten, daß dieses Schlichtungsverfahren anderen Wirtschaftszweigen helfen könnte, Arbeitgeber und Gewerkschaften zu ermutigen, ihre Abhängigkeit von auf Recht basierenden Schiedsverfahren zugunsten eines mehr auf Interessen ausgerichteten Ansatzes abzubauen. Anfang 1982 versuchten wir andere Wirtschaftszweige für ein Experiment mit dem Schlichtungsverfahren zu gewinnen. Das Schlichtungsverfahren wurde auf eine Reihe von Wirtschaftszweigen ausgedehnt in Industrie, Einzelhandel, Erdölraffinerien, Elektrizitätswerken, Telefonnetz, öffentlichem Personenverkehr, öffentlicher Verwaltung, Schulen und Universitäten.

Unsere Rolle bei der Einführung des Schlichtungsverfahrens in diesen Wirtschaftszweigen variierte. Im besten Fall haben Arbeitgeber und Gewerkschaften, durch unsere Reden und Schriften angeregt, ihr eigenes Schlichtungsverfahren für Beschwerden entwickelt. Diese Art der Verbreitung ist eindeutig die effizienteste. Sie erhöht auch die Aussichten auf Institutionalisierung des Schlichtungsverfahrens, da die Parteien es von Anfang an ihr eigen nennen können. In anderen Fällen hat uns eine Partei (Arbeitgeber oder Gewerkschaft) um das Muster einer Vertragsklausel gebeten. Danach haben sie ohne unsere Hilfe ihr eigenes Verfahren entwickelt. In anderen Fällen spielten wir hingegen eine ähnlich wichtige Rolle wie in der Kohleindustrie. Eine Partei (oder beide) hatte uns aufgefordert, als Systemdesigner für sie tätig zu werden und Regeln bzw. Verfahren zu entwickeln.

Häufig nahmen die Parteien zuerst unser Modell an, um dann selbst die nötigen Anpassungen vorzunehmen. In einem Fall zum Beispiel wurden regelmäßig Anwälte für Schiedsverfahren eingesetzt, und die Parteien dachten, daß sie auch für das Schlichtungsverfahren eingesetzt würden. Sie wandten ein, daß die Anwälte sich zu sehr darauf konzentrieren würden, ein günstiges beratendes Urteil abzugeben, und sich zu wenig darum bemühten, nach einer Lösung zu suchen, die die Interessen der Parteien befriedigte. Sie befürchteten so ein Rechtsverfahren anstatt eines Schlichtungsverfahrens und beschlossen daher, ganz auf das beratende Urteil zu verzichten. In einer anderen Beziehung sahen die Parteien voraus, daß sie das Schlichtungsverfahren nur in wenigen Fällen benötigen, daß diese Fälle aber äußerst wichtig sein würden. Sie stimmten zu, in solchen Fällen einen Schlichter einzusetzen, der mit ihren Bedürfnissen und Sorgen ganz und gar vertraut war.

Bei unseren Bemühungen, das Schlichtungsverfahren über die Kohleindustrie hinaus bekannt zu machen, stießen wir vor allem auf den Widerstand einiger Rechtsanwälte. Ihre Opposition beruhte zumeist auf der Überzeugung, daß das Schlichtungsverfahren für Beschwerden nicht im Interesse ihrer Klienten lag. Darüber hinaus haben auch andere Faktoren eine Rolle gespielt. Bis vor kurzem wurde an den juristischen Fakultäten nichts zum Thema Schlichtung gelehrt. Viele Rechtsanwälte verstehen daher den Prozeß nicht und verfügen auch über keinerlei Erfahrung. Das Ergebnis: Sie können sich nicht dazu entschließen, ihren Klienten zum Schlichtungsverfahren zu raten. Außerdem beziehen Juristen für Arbeitsrecht einen Großteil ihres Einkommens aus den Schiedsverfahren. Das Schlichtungsverfahren für Beschwerden, in dem die Parteien selten durch Rechtsanwälte vertreten werden, stellt eine Bedrohung für sie dar.

In den Wirtschaftszweigen, in denen das Schlichtungsverfahren angenommen wurde, waren die Ergebnisse im wesentlichen dieselben wie in der Kohleindustrie. Zwischen Mai 1983 und Juni 1988 wurden 276 Streitfälle aus anderen Wirtschaftszweigen als der Kohleindustrie in ein Schlichtungsverfahren eingebracht, von denen 81 % ohne Anrufung eines Schiedsgerichts beigelegt wurden. Die durchschnittlichen Kosten eines Schlichtungsverfahrens (Honorar und Spesen des Schlichters) lagen bei 435 Dollar pro Streitfall, ungefähr 30 % der durchschnittlichen Kosten eines Schiedsverfahrens. Die durchschnittliche Zeit vom Zeitpunkt der Anfrage nach einem Schlichtungsverfahren bis zur endgültigen Entscheidung lag bei 26 Tagen, ungefähr 10 % der vergleichbaren durchschnittlichen Zeitspanne für ein Schiedsverfahren.

Schlußfolgerung

Unser anfängliches Ziel war es, die kostspieligen Schiedsverfahren in der Kohleindustrie zu reduzieren, indem wir die Konfliktparteien ermutigten, das an Interessen orientierte Schlichtungsverfahren einzusetzen. In den Bereichen, in denen das Schlichtungsverfahren eingeführt worden war, ist diesem Ziel im wesentlichen entsprochen worden. Das eigentliche Problem war die langsame Verbreitung innerhalb der Kohleindustrie. Seit 1981 ist das Schlichtungsverfahren für Beschwerden auch über die Grenzen der Kohleindustrie hinaus bekannt und eingesetzt worden.

Wir fragten uns: Hätte sich das Schlichtungsverfahren für Beschwerden in der Kohleindustrie nicht schneller verbreitet, wenn wir die Vertreter der Parteien in die Untersuchung und Entwicklung einbezogen hätten? Sicherlich. Denn in anderen Wirtschaftszweigen haben die beteiligten Parteien aktiv für seine Verbreitung gesorgt. Unsere eigenen Erfahrungen unterstreichen also nur, wie wichtig es ist, die Parteien von vornherein an der Entwicklung teilhaben zu lassen.

Die Zukunft sieht jedoch gut aus. Immer mehr Unternehmen und Gewerkschaften führen das Schlichtungsverfahren auf ihre eigene Initiative hin selbst ein. Wir dienen nur als Katalysator zur Verbreitung der Idee. Sie haben großen Erfolg mit dem Verfahren und legen Streitfälle zufriedenstellend, schnell und ohne große Kosten bei. Da immer mehr Unternehmen von diesem Erfolg hören, sehen wir eine noch größere Verbreitung des Schlichtungsverfahrens für Beschwerden voraus.

8. *Kapitel*

Schlußfolgerungen

Der Rahmen: Interessen, Recht und Macht

Dieses Buch bietet einen einfachen Rahmen zum Verständnis eines Konfliktlösungsprozesses. Vorgestellt werden drei Hauptwege, um einen Konflikt zu lösen: der Interessenausgleich, die Bestimmung von Rechtspositionen und die Bestimmung von Machtpositionen. Dieser Rahmen erlaubt uns nicht nur, solch grundverschiedene Konfliktstrategien wie Verhandlung, Rechtsspruch und Streik zu unterscheiden, sondern auch zu verstehen, wie sie zusammenhängen.

Wir sind von der These ausgegangen, daß im allgemeinen ein Interessenausgleich weniger kostspielig und lohnender ist als die Bestimmung von Rechtspositionen, die wiederum weniger kostspielig ist als die Bestimmung von Machtpositionen. Die daraus resultierende Verordnung muß lauten: Ermutigen Sie die Parteien, ihre Konflikte zu lösen, indem Sie stets versuchen, ihre Interessen auszugleichen. Suchen Sie, falls dies nicht möglich ist, nach weniger kostspieligen Methoden zur Bestimmung von Rechts- bzw. Machtpositionen.

Eine Stärke dieses Modells liegt in den wenigen sparsamen Regeln, die zur Anwendung kommen. Viele der Ratschläge zur Verhandlungsführung zielen darauf ab, traditionelles an Macht orientiertes Verhandeln bei verhärteten Positionen durch problemlösende kreative Verfahren zu ersetzen. Ähnliches gilt auch für Rechtsverfahren, auch hier sollten interessenorientierte Strategien im Mittelpunkt stehen.

Das Modell geht weit über die Konfliktlösungssysteme

hinaus, die in diesem Buch beschrieben sind. Ein Beispiel auf gesellschaftlicher Ebene, in der nicht mehr die Machtpositionen, sondern die Rechtspositionen im Vordergrund stehen, stellt der Wechsel von der gewaltsamen zur gerichtlichen Konfliktlösung dar – ein Prozeß, der in den meisten Staaten zwar recht fortgeschritten ist, aber zwischen den Nationen immer noch in den Kinderschuhen steckt. In ähnlicher Weise stellt auch das demokratische System ein Beispiel dar, kostspielige Machtkämpfe (z. B. Staatsstreich, Revolution) durch kostengünstige Auseinandersetzungen (z. B. regelmäßig abgehaltene Wahlen, Diskussionen im Parlament) zu ersetzen. Wahlen senken nicht nur die Kosten der Machtbestimmung, sondern stellen auch die Interessen der Menschen heraus. Das Modell gibt also durchaus einen Einblick in umfangreiche Bemühungen, die Kosten von Konflikten zu senken.

Das Ziel: Einsparungen und Gewinne

Ziel des Buches ist es, Kosten einzusparen. Denken Sie nur an die durch sinnlose Auseinandersetzungen verschwendeten Stunden, die gewaltigen Ausgaben für Gerichtsverfahren und Streiks und die Belastung wichtiger Beziehungen. In Organisationen schlagen sich diese Kosten in Form von Produktionsverlusten und Leistungsabfall nieder. In persönlichen Beziehungen machen sie sich als Unzufriedenheit und Spannung bemerkbar. Im Extremfall sind die Kosten, die die Systemdesigner zu vermeiden suchen, Ehescheidungen, Schließungen von Betrieben, Gefahr für Leib und Leben und sinnlose Zerstörung durch Kriege.

Dieses Buch handelt aber auch vom Gewinnen, und zwar davon, wie man das meiste aus Konflikten herausholt. Ein Konflikt ist eine ganz normale Erscheinung in jeder Beziehung oder Organisation. Seine optimale Lösung läßt Menschen und Organisationen wachsen und sich verändern. Sie manifestiert sich im beiderseitigen Gewinn, und zwar nicht nur für die direkt betroffenen Streitparteien, sondern auch für andere Menschen mit ähnlichen Problemen. Schwierige Tauschgeschäfte werden in Angriff genommen, und Entscheidungen werden getroffen. Spannungen werden freigesetzt und Beziehungen gefestigt. Produktion und Leistung erhöhen sich.

Die Mittel: Entwicklung von Konfliktlösungssystemen

Jede Beziehung oder Organisation kann von einer periodisch durchgeführten Untersuchung ihres Konfliktlösungssystems profitieren, wenn sie danach fragt: Welche Konflikttypen treten auf? Auf welche Weise werden sie gelöst? Warum werden diese Verfahren eingesetzt und nicht andere? An den Stellen, an denen die Untersuchung Verbesserungsmöglichkeiten anzeigt, kommt nun der Systemdesigner ins Spiel. Er verändert Verfahren und motiviert andere dazu, diese Verfahren einzusetzen, Fertigkeiten weiterzuentwickeln und benötigte Mittel bereitzustellen. Der systematische Ansatz hat den Vorteil, daß er nicht nur einen einzigen Konflikt anspricht, sondern eine ganze Reihe von Konflikten, die in jeder Organisation oder Beziehung auftreten.

Ein System der Konfliktlösung wird am besten entwickelt noch vor dem Aufbau der Beziehung oder der Organisation. Ganz gleich, wer einen Vertrag ausarbeitet – Diplomaten, Rechtsanwälte mit ihren Klienten, Gewerkschaftsvertreter mit den leitenden Angestellten eines Unternehmens –, sie alle sollten in Erwägung ziehen, im voraus ein interessenorientiertes System zur Konfliktlösung einzuführen.

In diesem Buch haben wir sechs Grundregeln für die Entwicklung eines effektiven Konfliktlösungssystems dargelegt. Die erste und wichtigste Regel: Stellen Sie die Interessen der Beteiligten heraus, indem Sie zu einer problemlösenden Verhandlung und zu Schlichtungsverfahren ermutigen. Die zweite Regel: Sorgen Sie für »Loop-backs«, für Verfahren also, die die Aufmerksamkeit wieder auf die Verhandlungen lenken. Drittens: Sorgen Sie, wenn problemlösende Verfahren scheitern, für eine kostengünstige Bestimmung der Rechts- bzw. Machtpositionen. Viertens: Ergreifen Sie vorsorgende Maßnahmen, bieten Sie Beratungen an, um Konflikte abzuwehren, bevor sie auftreten, und geben Sie Feedback nach einem Streit, um ähnliche Konflikte künftig zu vermeiden. Die fünfte Regel: Ordnen Sie all diese Verfahren in der Reihenfolge niedrige Kosten – hohe Kosten an. Und die letzte Regel: Achten Sie auf die nötige Motivation, ausreichende Fertigkeiten und hinreichende Mittel, damit alle Verfahren auch funktionieren. Zusammengenommen stellen diese sechs Regeln eine integrierte Strategie dar, um die Kosten zu senken und den größtmöglichen Nutzen aus einem Konflikt zu ziehen.

Eine Anwendungsmöglichkeit: Schwierige Konflikte beilegen und einen Krieg verhindern

Die Konfliktlösung ist häufig als utopisch abgetan worden. Zu ihrer Rechtfertigung behaupten Kritiker, daß wirkliche Interessenkonflikte, wie die zwischen Arbeitnehmern und Arbeitgebern oder zwischen Arabern und Israelis, nicht gelöst werden können. Die Entwicklung von Konfliktsystemen gibt eine einfache Antwort. Sie zielt nicht darauf ab, den Konflikt zu vermeiden, sondern will einfach nur mit möglichst geringen Kosten die Streitigkeiten beilegen.

Konfliktsysteme können auch verhindern, daß Streitigkeiten in Krieg eskalieren. Ein altes äthiopisches Sprichwort sagt: »Wenn Spinnweben sich verbinden, können sie einen Löwen abhalten.« Ein gutes Konfliktlösungssystem besteht aus einer Reihe von Sicherheitsnetzen – Verhandlungen, gefolgt von Schlichtungsverfahren, beratenden Schiedsverfahren, Schiedsverfahren, Beteiligung einer dritten Partei und so weiter –, die einen gefährlichen Konflikt frühzeitig in den Griff bekommen können, bevor er einen nicht wiedergutzumachenden Schaden anrichtet. Schlägt ein Verfahren fehl, wartet bereits das nächste.

Ein effektives Konfliktlösungssystem erfüllt die wesentlichen Funktionen von Gewalt und Krieg – nur zu bedeutend geringeren Kosten. Es ist eine große Herausforderung, funktionierende Konfliktlösungssysteme nicht nur für den Familienkreis und für Organisationen zu entwickeln, sondern auch für die Beziehungen zwischen Nationen. In einer zunehmend interdependenten und unsicheren Welt hängt unser Überleben davon ab, ob wir zur Beseitigung unserer Differenzen humanere Wege finden als den letzten Machtkampf – den Atomkrieg.

Ein neues Fachgebiet

Dieses Buch ist ein erster Schritt. Die Entwicklung von Konfliktlösungssystemen bedarf sowohl in der Theorie als auch in der Praxis noch der Weiterentwicklung. Als Fachgebiet steckt es noch in den Kinderschuhen. In Zukunft wird die Entwicklung von Konfliktlösungssystemen vielleicht neben anderen bekannten Methoden (z. B. dem Schlichtungs- oder dem Schiedsverfahren) stehen. Für einige wird sie vielleicht eines Tages zum Beruf werden. Für viele – Manager, Rechtsanwälte, Diplomaten und andere – sollte sie, wie die Verhandlung, zum täglichen Handwerkszeug gehören.

Literaturverzeichnis

Brett, J. M., und Rognes, J. K.: »Intergroup Relations in Organizations«, in: P. S. Goodman and Associates: *Designing Effective Work Groups.* San Francisco: Jossey-Bass, 1986, S. 202–236.

Davis, A. M.: »Dispute Resolution at an Early Age«, in: *Negotiation Journal,* 1986, 2, 287–298.

Edelman, P. B.: »Institutionalizing Dispute Resolution Alternatives«, in: *Justice System Journal,* 1984, 9, 134–150.

Fisher, R., und Ury, W. L.: *Das Harvard Konzept. Sachgerecht verhandeln – erfolgreich verhandeln.* Frankfurt, New York: Campus, 9. Auflage 1990.

Goldberg, S. B., Green, E. D., und Sander, F. E. A.: *Dispute Resolution.* Boston: Little, Brown, 1985.

Goldberg, S. B., und Sander, F. E. A.: »Saying You're Sorry«, in: *Negotiation Journal,* 1987, 3, S. 221–224.

Lind, E. A., und Tyler, T. R.: *The Social Psychology of Procedural Justice.* New York: Plenum, 1988.

Susskind, L., und McMahon, G.: »The Theory and Practice of Negotiated Rulemaking«, in: *Yale Journal on Regulation,* 1985, 3, 133–165.

Ury, W. L.: *Beyond the Hotline.* Boston: Houghton Mifflin, 1985.

Ury, W. L.: »Strengthening International Mediation«, in: *Negotiation Journal,* 1987, 3, S. 225–229.

Williamson, O. E.: »Transaction Cost Economics: The Governance of Contractual Relations«, in: *Journal of Law and Economics,* 1979, 22, S. 233–261.

Danksagung

Wir stehen bei vielen Menschen und Institutionen für ihren Beistand in der Schuld. Die Systemdesigner, die mit uns stundenlang über ihre Erfahrungen sprachen, haben unseren Horizont erweitert. Zu Dank verpflichtet sind wir: Richard Chasin, John Dunlop, Mary Margaret Golten, Eric Green, William Hobgood, Deborah Kolb, Michael Lewis, Bernard Mayer, Marguerite Millhauser, Robert Mnookin, Christopher Moore, Richard Salem, Carl Schneider, Raymond Shonholtz, Sylvia Skratek, Linda Singer, Karl Slaikeu, Lawrence Susskind, Marty Van Parys und Susan Wildau. Ihre Arbeit bestätigte uns die Existenz allgemeiner Regeln, die unabhängig vom Kontext immer anwendbar sind.

Das Buch profitierte enorm von den Kommentaren derer, die die ersten Entwürfe des Manuskripts gelesen haben. Die Kommentare animierten uns dazu, uns mit strittigen Punkten zu befassen, die wir sonst vernachlässigt hätten. Viele der Systemdesigner, die wir befragt haben, machten Vorschläge. Zu ihnen gehörten: Graham Allison, James Anderson, Max Bazerman, Phillip Cousins, Harry Edwards, Julius Getman, Thomas Kochan, David Lax, Michael LeRoy, Roy Lewicki, Martin Linsky, Robert McKersie, Jeffrey Rubin, Marc Sarkady, Frank Sander, Mark Sommer und Rolf Valtin. Wir sind jedem einzelnen von ihnen zu tiefstem Dank verpflichtet. Stephen Bates hat uns bei der Edition des Buches erstklassig unterstützt.

Wir haben in großem Umfang von den Seminaren des »Program on Negotiation« an der Harvard Law School, des Dispute Resolution Research Center an der Northwestern University und dem Institut d'Administration des Entreprises an der Universität von Aix-Marseille in Frankreich profitiert.

Finanzielle Unterstützung für die Studie über wilde Streiks (vgl. 5. Kapitel) erhielten wir von der National Science Foundation, und unser Experiment – das Schlichtungsverfahren für Beschwerden – (vgl. 7. Kapitel) wurde finanziell vom US-amerikanischen Department of Labor unterstützt. Jeanne Brett wurden Geldmittel von der J. L. Professorship in Dispute Resolutions and Organizations zur Verfügung gestellt, Stephen Goldberg bekam Zuschüsse von dem Julias Rosenthal Fund und dem Kathleen M. Haight Law School Fund for Research, und wir alle wurden finanziell von dem Dispute Resolution Research Center der Northwestern University durch einen Zuschuß der William and Flora Hewlett Foundation unterstützt. William Ury steht für die großzügige Unterstützung, die ihm während der Entstehung des Buches zuteil wurde, in der Schuld des Avoiding Nuclear War Project an der John F. Kennedy School of Government, finanziell unterstützt von der Carnegie Corporation.

William Hicks, unser Lektor bei Jossey-Bass, trat für unser Buch ein, gab uns wertvollen Rat und begleitete uns behutsam und weise bis zum Ende. Elizabeth Sherwood gab uns wichtige redaktionelle Unterstützung.

Und schließlich wollen wir den Bergarbeitern und Managern danken, die an der Studie über wilde Streiks beteiligt waren, mit uns in Caney Creek zusammenarbeiteten und uns halfen, ein Schlichtungsverfahren für Beschwerden zu entwickeln. Ohne ihre Anregungen gäbe es kein Buch.

Anhang

Verfahrensregeln für die Schlichtung von Beschwerden in der Kohleindustrie (1980)

1. Das Schlichtungsverfahren für Beschwerden wird nur angesetzt, wenn Vertreter sowohl der Gewerkschaft als auch des Unternehmens gemeinsam darum ersuchen.
2. Das Ersuchen muß innerhalb von fünf Kalendertagen nach dem Treffen in der 3. Stufe erfolgen.
3. Schlichtungskonferenzen werden an einem zentralen Ort im Distrikt der Gewerkschaft abgehalten.
4. Dem Kläger soll die Teilnahme an der Schlichtungskonferenz eingeräumt werden.
5. Jede Partei soll einen Vertreter entsenden, der dem Schlichter die Position der Partei darlegt.
6. Die Vertreter der Parteien können (müssen aber nicht) dem Schlichter kurz schriftlich die Situation erläutern und die Streitpunkte und Argumente vorlegen. Wird ein solcher Bericht nicht schriftlich eingereicht, soll er mündlich zu Beginn der Schlichtungskonferenz erfolgen.
7. Die Unterlagen, die dem Schlichter vorgelegt werden, sollen der betreffenden Partei am Ende der Schlichtungskonferenz ausgehändigt werden.
8. Das Verfahren ist informell. Die Beweisführung ist nicht auf das Material beschränkt, das in der 2. oder 3. Stufe des Beschwerdeverfahrens präsentiert wurde; die vor Gericht üblichen Regeln der Beweisführung kommen nicht zur Anwendung; von der Schlichtungskonferenz wird keine Aufzeichnung gemacht.
9. Der Schlichter kann sich mit jeder Partei getrennt treffen, er kann den Parteien aber nicht die Lösung eines Streitfalls aufzwingen.

10. Führt die Schlichtungskonferenz zu keiner Einigung, gibt der Schlichter direkt und mündlich ein beratendes Urteil ab, es sei denn, die Parteien verzichten darauf.
11. Der Schlichter soll sein beratendes Urteil begründen.
12. Das beratende Urteil des Schlichters, sofern es von den Parteien akzeptiert wird, soll keinen Präzedenzfall setzen, es sei denn, die Parteien gelangen zu einer anderen Übereinkunft.
13. Kommt es während des Schlichtungsverfahrens zu keiner Einigung, steht es den Parteien frei, ein Schiedsgericht anzurufen. In diesem Falle muß das Schiedsgericht innerhalb von zehn Kalendertagen nach der Schlichtungskonferenz angerufen werden.
14. Bei einer Beschwerde, die Gegenstand eines Schlichtungsverfahrens war und nun vor einem Schiedsgericht verhandelt wird, darf der Schlichter nicht als Schiedsrichter tätig werden. Nichts, was von dem Schlichter während des Schlichtungsverfahrens gesagt oder getan wurde, darf vor einem Schiedsgericht verwendet werden. Nichts, was von den Parteien während der Schlichtungskonferenz gesagt oder getan wurde, darf gegen sie verwendet werden.
15. Der Schlichter soll nicht mehr als drei Schlichtungskonferenzen pro Tag abhalten. Jede Schlichtungskonferenz soll nicht länger als zweieinhalb Stunden dauern.
16. Das Honorar des Schlichters beträgt 150 Dollar pro Schlichtungskonferenz plus ein Drittel seiner Spesen. Das Honorar und die Spesen werden von den Parteien zu gleichen Teilen getragen.
17. Wird ein Schlichtungsverfahren angesetzt und dann verschoben oder abgesetzt, haben die Parteien auch weiterhin die unter Punkt 16 angegebenen Kosten zu tragen, wenn keine andere Beschwerde für die verschobene oder abgesetzte Beschwerde angesetzt wurde.

Schiedsrichter (arbitrator) und Schiedsgericht (Anm. d. Übers.)

Ein Schiedsgericht kann durch Schiedsvertrag oder Vereinbarung einer Schiedsklausel seitens der Konfliktparteien berufen bzw. satzungsgemäß oder testamentarisch unter Ausschluß der ordentlichen Gerichte eingesetzt werden. Der Schiedsvertrag (Schriftform in besonderer Urkunde) ist nur zulässig bei Streitigkeiten, über die die Parteien einen Vergleich schließen können. Die Zusammensetzung des Schiedsgerichts ist den Parteien überlassen. Enthält der Schiedsvertrag keine Bestimmung, so ernennt jede Partei einen Schiedsrichter; er kann auch auf Antrag durch das Gericht bestimmt und wie ein ordentlicher Richter abgelehnt werden. Das Schiedsverfahren untersteht dem Ermessen der Schiedsrichter, soweit die Parteien nichts vereinbart haben; es hat bestimmten Mindestforderungen zu genügen; der Schiedsspruch darf nicht ohne Gehör der Parteien und Ermittlung des Sachverhalts gefällt werden. Er ist schriftlich abzufassen und zu begründen. Er hat für die Parteien die Wirkung eines rechtskräftigen gerichtlichen Urteils und ist, wie ein vor dem Schiedsverfahren geschlossener Vergleich, erst vollstreckbar, wenn das ordentliche Gericht dies durch Beschluß ausgesprochen hat.

Das Schiedsverfahren wird oft gewählt, weil es kostengünstiger als die ordentlichen Gerichte ist, schneller angerufen werden kann und weil die Schiedsrichter für schwierige wirtschaftliche Fragen sachverständiger sind. Der Unterschied zwischen der Schiedsgerichtsbarkeit in Großbritannien bzw. in den USA und der Schiedsgerichtsbarkeit in der Bundesrepublik Deutschland liegt z. T. in der Verfahrensweise, aber auch in der Häufigkeit der Anwendung. In der Bundesrepublik Deutschland ist das Schiedsgericht nur in zwei Fällen zulässig: 1. soweit der Rechtsstreit die Tarifvertragsparteien selbst angeht (z. B. Auslegungsstreitigkeiten) und die Anrufung eines Schiedsgerichts ausdrücklich im Tarifvertrag vereinbart ist; 2. für Einzelarbeitsverhältnisse, soweit es sich um tarifgebundene Bühnenkünstler, Filmschaffende, Artisten oder Schiffsbesatzungen handelt. Das Schiedsverfahren endet durch Vergleich oder Schiedsspruch. Zum Schiedsverfahren gehört auch das zwingend vorgeschriebene Verfahren in Lehrlingssachen z. B. vor der Handwerkerinnung, soweit dort ein derartiger Schlichtungsausschuß besteht. In der Praxis werden allerdings selbst die vom ArbGG eröffneten Möglichkeiten nicht ausgeschöpft.

In der Schweiz ist der Einsatz privater Schiedsgerichte zur Beurteilung von Rechtsverhältnissen, über die die Parteien frei verfügen können, nach allen kantonalen Prozeßordnungen zulässig. Die Schiedsabrede ist nichtig, wenn sie den Grundsatz der Gleichberechtigung der Parteien verletzt. In den meisten Kantonen bedürfen die Urteile der Schiedsgerichte keiner behördlichen Bestätigung. In materieller Beziehung müssen die Schiedsgerichte nach den einschlägigen Rechtsnormen entscheiden. Rechtsmittel gegen Urteile der Schiedsgerichte sind in der Regel die Nichtigkeitsbeschwerde, die Revision und die Erläuterung. Ein interkantonales Konkordat über die Schiedsgerichtsbarkeit (1969) sollte eine Rechtsvereinheitlichung bringen. Bis 1972 waren diesem Konkordat allerdings nur wenige Kantone beigetreten.

»Die besten Ratschläge, die ich je gehört habe« *Elliot Richardson*

Roger Fisher, William L. Ury, Bruce Patton
Das Harvard-Konzept
Sachgerecht verhandeln – erfolgreich verhandeln
13. Auflage 1995. 271 Seiten
ISBN 3-593-34804-7

Das *Harvard-Konzept* wird heute von Praktikern aller Berufsgruppen als Leitfaden für erfolgreiches Verhandeln verwendet. Es ist in allen Lebenslagen anwendbar: im Büro, in der Fabrik, in Politik, Diplomatie und in der Familie, vom Anwalt, von Professoren, beim Einkauf, mit Immobilien.
Das *Harvard-Konzept* ist eine direkte, universell anwendbare Methode für die Beilegung persönlicher und beruflicher Streitfälle, ohne hereingelegt zu werden – und ohne wütend zu werden.

»Der Kern der Methode liegt darin, daß nicht um zuvor festgelegte Positionen gerangelt werden sollte, sondern daß die Partner Interessen ausgleichen: Suche nach Lösungen statt Angriff.« *Frankfurter Allgemeine*

»...Deshalb sind die in diesem Buch beschriebenen Methoden so hilfreich für Praktiker.« *Management Wissen*

Campus Verlag
Frankfurt/New York

Praxiswissen Personal

Wichtige Bücher für alle, die Personalverantwortung tragen.

22/250

Weitere Titel zum Thema:

Raimund Berger
Stellenbeschreibungen
Mitarbeiter motivieren, betriebliche Transparenz verbessern, effizienter organisieren
22/231

Wilhelm Heyne Verlag
München

HEYNE BÜCHER

Griffbereites Wirtschaftswissen

Unentbehrliche Nachschlagewerke für jedes Büro

22/1003

Außerdem erschienen:

Uwe Schreiber
Handlexikon Wirtschaft
22/319

Jakob Wolf
Lexikon Betriebswirtschaft
22/344

Wilhelm Heyne Verlag
München

HEYNE BÜCHER

Karrierestrategien

Beruflicher Erfolg kann geplant werden! Hier finden Sie die Informationen, die Sie für Ihren beruflichen Ein- und Aufstieg brauchen:

Gilles Azzopardi
Der Karrieretest
Bestimmen Sie Ihr berufliches Erfolgsprofil selbst!
Mit 15 neuen Persönlichkeitstests
22/308

Ken und Kate Back
Durchsetzungstraining
So realisieren Sie Ihre Interessen und Zielvorstellungen
Mehr Profil durch sicheres Auftreten!
22/269

Michael Latas
301 Ideen für die Jobsuche
Suchstrategien für die ideale Stelle - Beziehungen aufbauen über Networking - Tips für Einstellungsgespräche
22/342

Jörg Nimmergut / Günther Krüger
Die Schule der erfolgreichen Bewerbung
Wie Sie Ihre Mitbewerber aus dem Rennen werfen
Überarbeitete, aktualisierte und wesentlich erweiterte Auflage!
22/309

Gabi Pörner
Karriereplanung für Frauen
Womit Sie rechnen müssen - Wozu Sie bereit sein sollen - Wie Sie Ihre Ziele erreichen
22/270

Martin John Yate
Das erfolgreiche Bewerbungsgespräch
Überzeugende Antworten auf alle Fragen. Mit kurzweiliger Lektüre führt Yate Jobsuchende zum Erfolg
22/2002

Wilhelm Heyne Verlag
München

HEYNE BÜCHER

Erfolg an der Börse

Basiswissen, Hintergrundinformationen und Anlagestrategien - das Know-How der Börsenprofis

22/339

Karl-Heinz Bilitza
Geldanlage für Einsteiger
Sparen, spekulieren oder versichern?
Tip Nr. 1: Nur wer anlegt, kann abheben!
22/260

Karl-Heinz Bilitza
Mehr Geld verdienen an der Börse
Der Erfolgstitel in aktualisierter Neuausgabe!
22/252

André Kostolany
Kostolanys Börsenseminar
Für Kapitalanleger und Spekulanten
19/7

André Kostolany
Kostolanys Börsenpsychologie
Für alle, die an der Börse cleverer handeln wollen als die Masse
22/1004

Alexander Natter
Grundwissen Investmentfonds
Optimale Ergebnisse auch für kleinere Budgets
22/315

STICHWORT: Börse
19/4008

Wilhelm Heyne Verlag
München